Multi-objective Scheduling Problems with
Controllable Processing Times

加工时间可控的
多目标车间调度

卢超 李新宇 高亮 易进 著

华中科技大学出版社
http://www.hustp.com
中国·武汉

内 容 简 介

本书在系统、全面介绍多目标优化问题及车间调度问题的基础上,重点介绍了加工时间可控的多目标单机调度问题及其求解方法、加工时间可控的多目标并行机调度问题及其求解方法、加工时间可控的多目标流水车间调度问题及其求解方法、加工时间可控的多目标作业车间调度问题及其求解方法、加工时间可控的多目标柔性作业车间调度问题及其求解方法。

本书主要面向从事调度优化研究的学者和工业界中期望寻找有效的调度方法的生产管理人员,也可作为机械工程、工业工程、自动化、计算机工程、管理工程等相关专业的研究生和高年级本科生的教材及学习参考书。

图书在版编目(CIP)数据

加工时间可控的多目标车间调度/卢超等著. —武汉:华中科技大学出版社,2021.10
ISBN 978-7-5680-7536-7

Ⅰ.①加… Ⅱ.①卢… Ⅲ.①加工工业-车间调度 Ⅳ.①F407.4

中国版本图书馆 CIP 数据核字(2021)第 196533 号

加工时间可控的多目标车间调度 卢　超　李新宇
Jiagong Shijian Kekong de Duomubiao Chejian Diaodu 高　亮　易　进　著

策划编辑：俞道凯　胡周昊
责任编辑：罗　雪
封面设计：原色设计
责任监印：周治超

出版发行：华中科技大学出版社(中国·武汉)　　电话:(027)81321913
　　　　　武汉市东湖新技术开发区华工科技园　　邮编:430223
录　　排：武汉市洪山区佳年华文印部
印　　刷：湖北恒泰印务有限公司
开　　本：710mm×1000mm　1/16
印　　张：10　插页:2
字　　数：218 千字
版　　次：2021 年 10 月第 1 版第 1 次印刷
定　　价：68.00 元

本书若有印装质量问题,请向出版社营销中心调换
全国免费服务热线：400-6679-118　竭诚为您服务
版权所有　侵权必究

前　　言

　　制造业作为实体经济的基础,在国民经济中占有重要地位。车间调度是制造业的关键技术之一,合理的车间调度能够降低企业成本,提高企业的经济效益。因此,车间调度问题是现代制造系统中亟须解决的组合优化问题之一。在传统车间调度的研究中,工件加工时间通常被假定为常量,但在实际生产中工件加工时间是可变的,并可以通过消耗可用的额外资源(如燃料、人力、机器、能源以及资金等)加以控制。而且,压缩工件加工时间可在一定程度上提高生产效率。因此,考虑加工时间可控的车间调度将更加贴近实际生产。

　　相比于传统车间调度问题,由于考虑了加工时间可控的特性,车间调度问题的求解难度会更大,这也导致了针对该问题的研究进展缓慢。此外,由于控制加工时间需消耗额外资源,会导致成本的增加,因此该问题本质上是一个多目标优化问题。

　　基于上述原因,本书对多种类型的加工时间可控的多目标车间调度问题开展了系统、深入的研究。主要针对加工时间可控的多目标单机调度问题、并行机调度问题、流水车间调度问题、作业车间调度问题以及柔性作业车间调度问题进行研究。结合各种问题的特点,分别设计了不同的算法对问题进行求解,并通过实验验证相应算法的可行性和准确性。最后将上述研究的理论成果与焊接车间、发动机冷却风扇加工车间的生产情况相结合,分析了实际车间中存在的加工时间可控的多目标调度问题,使本书的理论成果应用于实际车间的生产,证明了本书提出的多目标调度优化算法的实用性。

　　本书所介绍的研究工作获得了国家杰出青年基金项目(No. 51825502)、国家自然科学基金项目(No. 51805495 和 51775216)和中国博士后科学基金面上项目(No. 2020M683236)的资助,在此表示衷心感谢。

　　在本书的编写过程中,研究生黄远祥、邱杰承担了不少编排工作,谨此致谢。在本书的编写过程中,我们参阅了大量文献,在此对相关作者表示由衷的感谢。

　　加工时间可控的车间调度问题的研究还处在不断的发展之中,由于作者的水平和能力有限,虽有力求尽善尽美之心,但书中疏漏在所难免,欢迎广大读者批评指正。

作　者
2021 年 6 月于中国地质大学(武汉)

目 录

第1章 绪论 ·· (1)
  1.1 引言 ·· (1)
  1.2 车间调度问题 ··· (2)
    1.2.1 车间调度问题概述 ··· (2)
    1.2.2 车间调度问题基本模型 ·· (3)
  1.3 车间调度问题常用求解方法 ·· (6)
  1.4 加工时间可控的车间调度基本问题模型 ·························· (11)
  1.5 问题现状与分析 ·· (15)
  1.6 本书的主要内容及总体结构 ·· (15)
  本章参考文献 ·· (17)

第2章 多目标优化问题概念及常见算法介绍 ························ (24)
  2.1 引言 ·· (24)
  2.2 多目标优化问题的基本概念 ·· (24)
  2.3 多目标进化算法的分类 ·· (26)
  2.4 多目标进化算法的性能指标 ·· (30)
    2.4.1 性能指标 ·· (30)
    2.4.2 可视化方法 ·· (33)
  2.5 本章小结 ··· (34)
  本章参考文献 ·· (34)

第3章 加工时间可控的多目标单机调度问题研究 ·················· (36)
  3.1 引言 ·· (36)
  3.2 问题描述与模型建立 ·· (36)
  3.3 基于混合 GA-GWO 求解加工时间可控的单机调度问题 ······ (37)
    3.3.1 GA 和 GWO 算法简介 ·· (37)
    3.3.2 MODGWO 算法 ·· (41)
  3.4 数值实验 ··· (49)
    3.4.1 测试问题 ·· (49)
    3.4.2 参数设置 ·· (50)
    3.4.3 改进策略的性能评价 ·· (50)
    3.4.4 与其他多目标进化算法进行比较 ··························· (54)

3.5　本章小结 …………………………………………………………… (59)
　　本章参考文献 ………………………………………………………… (59)

第4章　加工时间可控的多目标并行机调度问题研究 …………………… (62)
4.1　引言 ………………………………………………………………… (62)
4.2　问题描述与模型建立 ……………………………………………… (62)
4.3　基于混合 GA-VOA 求解加工时间可控的并行机调度问题 ……… (65)
　　4.3.1　VOA 简介 …………………………………………………… (65)
　　4.3.2　基于混合 GA-VOA 的 MODVOA 算法 ……………………… (68)
4.4　数值实验 …………………………………………………………… (74)
　　4.4.1　测试问题 ……………………………………………………… (74)
　　4.4.2　参数设置 ……………………………………………………… (75)
　　4.4.3　实验结果 ……………………………………………………… (76)
4.5　本章小结 …………………………………………………………… (85)
　　本章参考文献 ………………………………………………………… (86)

第5章　加工时间可控的多目标流水车间调度问题研究 ………………… (87)
5.1　引言 ………………………………………………………………… (87)
5.2　问题描述与模型建立 ……………………………………………… (88)
5.3　基于混合 GA-GWO 的 MODGWO 求解多目标流水车间调度 … (91)
　　5.3.1　编码与解码机制 ……………………………………………… (91)
　　5.3.2　种群初始化 …………………………………………………… (91)
　　5.3.3　社会等级分层 ………………………………………………… (92)
　　5.3.4　搜寻猎物 ……………………………………………………… (93)
　　5.3.5　机器负载降低策略 …………………………………………… (93)
　　5.3.6　替换机制 ……………………………………………………… (96)
5.4　数值实验 …………………………………………………………… (96)
　　5.4.1　测试问题 ……………………………………………………… (96)
　　5.4.2　参数设置 ……………………………………………………… (97)
　　5.4.3　机器负载降低策略性能分析 ………………………………… (98)
　　5.4.4　与其他多目标进化算法进行对比 …………………………… (100)
5.5　本章小结 …………………………………………………………… (103)
　　本章参考文献 ………………………………………………………… (104)

第6章　加工时间可控的多目标作业车间调度问题研究 ………………… (106)
6.1　引言 ………………………………………………………………… (106)
6.2　问题描述 …………………………………………………………… (107)
6.3　基于多 Agent 的加工时间可控的作业车间调度 ………………… (108)
6.4　仿真实验 …………………………………………………………… (110)

  6.4.1 仿真环境与数据 ······ (110)
  6.4.2 实验结果与分析 ······ (112)
 6.5 本章小结 ······ (116)
 本章参考文献 ······ (116)

第7章 加工时间可控的多目标柔性作业车间调度问题研究 ······ (118)
 7.1 引言 ······ (118)
 7.2 问题描述与模型建立 ······ (120)
 7.3 基于 MODVOA 求解 MOFJSP-CPT ······ (121)
  7.3.1 编码与解码机制 ······ (122)
  7.3.2 种群初始化 ······ (124)
  7.3.3 病毒复制 ······ (124)
  7.3.4 更新探索搜索机制 ······ (126)
 7.4 数值实验 ······ (128)
  7.4.1 测试问题 ······ (129)
  7.4.2 参数设置 ······ (129)
  7.4.3 改进策略的性能评价分析 ······ (129)
  7.4.4 与其他多目标进化算法进行对比 ······ (133)
 7.5 本章小结 ······ (138)
 本章参考文献 ······ (138)

第8章 加工时间可控的多目标车间调度实例 ······ (142)
 8.1 引言 ······ (142)
 8.2 加工时间可控的流水车间调度问题实例 ······ (142)
  8.2.1 焊接车间调度问题实例 ······ (142)
  8.2.2 结果及分析 ······ (145)
 8.3 加工时间可控的柔性作业车间调度问题实例 ······ (148)
  8.3.1 发动机冷却风扇生产车间调度问题实例 ······ (148)
  8.3.2 结果及分析 ······ (150)
 8.4 本章小结 ······ (152)

第1章 绪 论

1.1 引 言

2015年国家制定了"中国制造2025"战略规划,其目的在于改变我国制造业"大而不强"的局面,提高我国制造业的全球竞争力[1]。随着全球市场竞争越来越激烈,客户需求也越发多样化,"多品种小批量"生产方式已经成为大多数企业的主要生产模式。在该模式下,必须坚持同步提升生产管理水平与智能化程度,才能改善生产效率,缩短生产加工周期,加快外部市场响应速度,降低生产加工成本,最终提高企业的经济效益。其中调度是生产管理的一个重要环节,而调度优化技术是一种重要的生产管理手段,高效的调度优化技术能大幅度地促进生产管理方法的定量化与优化。目前,国内多数车间制造系统中存在着诸多限制生产效率的因素。例如:一方面,由于缺乏高效的车间调度系统的支撑,传统制造行业的车间调度主要依赖于工人的经验,这种方式严重制约了生产管理水平的效率,从而导致了制造周期长、机器利用率低下以及生产成本高等生产指标恶化的情况;另一方面,大多数学者的相关研究主要集中在调度理论与方法上,很多调度模型是在理想情况下进行建模并求解的,显然这些研究对实际生产需求认识不清、考虑不周,在一定程度上脱离了实际生产的需要。在传统车间调度问题的研究中,大部分问题的加工时间被假定为一个提前给定的常量。但是在许多实际生产过程中,加工时间是一个在指定范围内可变化的量,即加工时间是与资源相关的变量,它可通过分配额外可用的资源(如能源、设备、人力等)来控制,此类调度问题通常被称为加工时间可控的调度问题。虽然压缩加工时间可能会缩短车间调度的最大完工时间(makespan),但是它会引起额外资源成本的消耗[2]。显然,在加工时间可控的车间调度问题中,生产效率与资源消耗成本是两个相互冲突的指标。因此,加工时间可控的车间调度问题在本质上是一个典型的多目标优化问题(multiobjective optimization problem,MOP)。基于上述原因,本书针对加工时间可控的多目标车间调度问题(即加工时间可控的单机调度问题、并行机调度问题、流水车间调度问题、作业车间调度问题及柔性作业车间调度问题)进行了深入的系统研究,对问题进行了建模,并为调度问题的求解设计了高效可行的算法。本书的目的之一是缩小理论研究与实际生产的差距,找出更符合实际生产过程的调度模型与算法,从而改善生产系统的整体性能。为此,本书着重研究了加工时间可控的车间调度问题的理论与方法。

本书分别针对加工时间可控的单机调度问题、并行机调度问题、流水车间调度问题、作业车间调度问题及柔性作业车间调度问题建立了以最小化最大完工时间(或最小延迟时间)与额外资源消耗(如机器负载、能源、人力、资金等)为目标的数学模型。在此基础上,结合具体调度问题的特性,分别设计了高效可行的混合优化算法以求解这些调度问题,并将其与其他多目标进化算法进行了对比,实验结果证实了提出算法的可行性与有效性。同时,本书提出的算法成功地应用于实际生产车间,为实现制造过程的智能调度提供了一定的理论与技术支撑。

1.2 车间调度问题

1.2.1 车间调度问题概述

车间调度问题是一类典型的组合优化问题,它包含了并行机调度、流水车间调度、作业车间调度以及柔性作业车间调度等经典优化问题。这些调度问题广泛存在于汽车、钢铁、焊接、纺织及食品等生产制造领域,已被证明是 NP 难问题[3,4],即存在多项式算法能够解决的非决定性问题。在大多数经典车间调度问题中,工件加工时间通常被认为是提前给定的确定值,但是在很多实际生产中,工件加工时间的大小与使用的资源(如人力、能源、物料及资金等)密切相关。例如,在数控加工机床生产中,通过调节机床转速和进给量等工艺参数能改变加工时间,但它会引起额外资源的消耗[2]。在化学工业中,一种化合物的生成时间依赖于所使用的催化剂与抑制剂。使用催化剂加工某些化合物,化合物的合成时间将会缩短;而采用抑制剂,化合物的合成时间将会变长。总之它们都会引起额外资源成本的增加[5]。因此,研究此类车间调度问题具有十分重要的实际应用价值。

如前所述,传统经典车间调度问题已被证实是 NP 难问题。因此,加工时间可控的车间调度问题更是具有 NP 难的特性,采用传统调度方法(如基于数学规划的调度算法和基于启发式规则的调度算法)难以有效地求解大规模调度问题。元启发式算法是高效求解此类问题的一种有效技术手段,其优点是在有限时间内可获得问题的近似解,甚至是最优解。自 20 世纪 50 年代起,相关调度理论和方法的研究受到了学术界与工业界的广泛重视[6]。目前,调度领域较经典的元启发式算法主要有模拟退火算法[7]、遗传算法[8]、和声搜索算法[9]、粒子群优化算法[10]、进化规划算法[11,12]、禁忌搜索算法[13]及差分进化算法[14]等。此外,本书研究的调度问题本质上是一个多目标优化问题。在多目标优化问题中,由于各子目标之间存在着相互冲突的可能,所以多目标优化问题的解并不是一个单一的最优解,而是一组被称为 Pareto(帕累托)最优解集的折中解(或者非支配解)。基于 Pareto 的智能优化算法非常适合求解该类复杂的多目标优化问题。近年来,出现了许多种多目标进化算法(multi-objective evolutionary algorithm,MOEA),很多多目标进化算法已经被成功地应用到了实际工程问题中,从而形成了一个新的热门研究与应用领域。其中以快速非支配排序遗传算法(NSGA-Ⅱ)[15]和基于分解的多目标进化算法(MOEA/D)[16]的求解效果尤为突出,但根据没有免费午餐定理(no free lunch theorem)[17],没有哪种算法可以在任何问题上都能高效求解。为此,将不同算法或者算子适当地组合起来可以有效地弥补单个算法存在的缺陷[18]。灰狼优化(GWO)算法[19]和病毒优化算法(VOA)[20]是近年出现的两种高效的群智能优化算法。GWO算法是受到灰狼捕食猎物活动的启发而发展起来的一种全局优化搜索方法,而VOA是模拟病毒攻击宿主细胞的行为而发展起来的优化方法。它们均具有收敛性能好、搜索原理简单、参数少、易实现等特点。同时,算法的求解性能高度依赖于具体问题的属性,在单机调度问题和流水车间调度问题中每个解包含了工件的排序而无机器的选择,并行机调度问题和柔性作业车间调度问题则不仅存在工序的排序同时也存在机器的选择。本书结合所研究问题的特性,基于GWO算法和VOA的优点,对相应的问题进行高效求解。这样就不仅拓展了多目标进化算法的应用范围,而且为求解复杂的多目标优化问题提供了一定的理论与技术支撑。

1.2.2 车间调度问题基本模型

1. 单机调度问题

单机调度(single machine scheduling,SMS)是指所有的操作任务都在一台机器上完成,需要对任务进行优化排序,通常希望找到一个可行的排序,使得某个给定的目标函数达到最小(大)值。这里的"可行"一般指在同一时刻,一台机器至多加工一个工件,一个工件也只在一台机器上加工,并且该排序满足问题特定的约束要求。

在生产调度研究领域,单机调度问题一直是研究热点。基本问题可以描述为 n 项相互独立的任务需要在系统中的一台机器上按顺序处理,每项任务都有加工时间、交货期等参数;此外,还须满足一些调度环境和约束条件的要求,调度目标就是要找到一个最优的任务序列使得系统总成本最低。在理论上,单机调度问题可看作其他调度问题的特殊形式。因此,深入研究单机调度问题可以更好地理解复杂的多机调度问题的结构。同时,求解单机调度问题的启发式算法也可以作为求解复杂调度问题的算法的基础。在生产实践中,复杂调度问题往往可以分解为多个单机调度问题。另外,若一条生产线上的某台机器成为瓶颈,则整条生产线的调度都要围绕该机器进行。

生产中单机调度的例子不少。比如生产线上的一台机器人负责将半成品从缓冲区搬运至机床进行加工,这就存在如何合理调度机器人的行进路径,以及安排物料搬运次序,使得机床利用率最高,且不影响后续工序生产的问题。再比如钢铁热轧车间一般会配备一座环形加热炉,切割后的各种坯料将按一定次序被放入加热炉中加热,再依次被取出进行轧制,由于坯料的加热时间都很长且不同坯料的加热时间不尽相同,因此合理安排坯料加热次序对后续工序的意义重大。

单机调度问题看似简单,然而根据排列组合的知识可知,系统中 n 个工件加工次序的全排列为 $n!$。当 $n=20$ 时,$n! = 2.4 \times 10^{18}$,若要对所有可能排序计算出结果进行比较,即使是每秒运算 10^9 次,也要 77 年才能完成。显然,当 n 较大时单机调度问题是 NP 难问题,这个结论已经得到了充分论证。

2. 并行机调度问题

并行机调度无论从理论还是从实际来说,在生产调度中都是十分重要的。从理论来说,它是对一道工序(一个阶段)和特殊形态下柔性(混合)流水车间的推广;从实际来讲,它重要是因为在真实世界中资源并行利用的情况是很常见的,并且并行机技术经常被用于多阶段系统的分解处理过程。

并行机调度有多种分类标准,具体分类如下。

(1) 按并行机类型可分为:同速并行机(identical parallel machines)调度、非同速并行机(non-identical parallel machines)调度以及不相关并行机(unrelated parallel machines)调度。

(2) 按并行机调度目标函数可分为:最小化最大完工时间、最小化拖期任务数、最小化加权绝对偏差以及最小化提前/拖期惩罚等并行机调度。

(3) 按确定性可分为:确定性并行机模型和随机并行机模型。

(4) 按是否可中断可分为:可中断的并行机调度和不可中断的并行机调度。中断对一台机器起到很大作用,在一台机器中,中断通常只作用于工件在不同时间点提交的情况。相反地,在并行机中,即使所有工件在同一时间提交,中断也是十分重要的。

并行机调度问题是实际生产过程中的一类典型调度问题,它研究 n 个工件在 m 台机器上的加工过程,每个工件仅需在某台机器上加工一次(假设所有机器的加工性能相同),要求某个调度序列的目标函数值最优。通常可以将并行机调度问题分为两个子问题:首先,决定所有工件在各机器上的分配问题;其次,要决定各机器上工件的加工顺序。这是并行机调度的两个本质问题。

3. 流水车间调度问题

流水车间调度问题是生产调度问题中最为典型,也是最为重要的一个分支。它作为很多实际流水线生产的简化模型,具有非常广阔的应用范围,与实际工业联系最为紧密。同时,它也是目前研究最为广泛的一种调度问题。流水车间调度问题一般可以描述为 n 个工件 $J=\{1,2,\cdots,n\}$ 需要在 m 台机器 $M=\{1,2,\cdots,m\}$ 上加工,每个工件都包含 m 道工序,即必须依次通过机器 1、机器 2 直到机器 m 才能完成加工任务。每一个工件的加工顺序相同。工件 $i(i=1,2,\cdots,n)$ 在机器 $j(j=1,2,\cdots,m)$ 上的加工时间为 $p_{i,j}$。在任意时刻,每一台机器最多加工一个工件,每一个工件最多只

被一台机器加工。工件的运输时间、加工准备时间都包含在工件加工时间内。在流水车间调度问题中,如果每一台机器上的工件加工顺序也相同,则此问题变为置换流水车间调度问题。目标函数为最小化最大完工时间的包含 m 台机器的置换流水车间调度问题可记为 $F_m|\mathrm{prmu}|C_{\max}$。

4. 作业车间调度问题

作业车间调度问题,简称 JSP(job-shop scheduling problem),是典型的 NP 难问题,也是研究车间调度问题的基础。它的研究不仅具有重要的现实意义,而且具有深远的理论意义。

JSP 就是为了加工多个不同的工件而决定如何分配作为共同资源的机器,并使某个指标或多个指标最优的问题。其对机器和工件有如下约束:

(1) 在不同工件的供需之间无优先级的约束;

(2) 不允许某道工序在加工时被中断且每台机器不能同时处理两道及以上的工序;

(3) 一个工件不能同时在两台机器上进行加工。

一般认为,这种问题属于 NP 难问题,并且被认为是最难解决的问题之一。以往,JSP 的求解方法主要是分支定界法(branch and bound method),但其只能求解规模很小的问题,对大规模问题则无能为力。近来,对这一具有复杂解空间的问题有了一些比较好的求解方法,如遗传算法等。蚁群优化算法虽然也有应用于 JSP 的求解,但效果并不是很好,主要问题在于该算法容易陷入局部最优解,而且对于大规模 JSP 的求解,该算法的计算和收敛速度比较慢。JSP 通常包括下列元素:工序的集合 $O=\{o_1,o_2,\cdots,o_n\}\bigcup\{o_{\mathrm{start}},o_{\mathrm{last}}\}$,其中 o_{start} 和 o_{last} 是两道伪工序,分别代表开始和结束。这些工序又可以根据其隶属的工件或任务,分为子集 $J_1,J_2,\cdots,J_r$。可以定义:对于 $o\in O$,如果 $j(o)=i$,那么 $o\in J_i$。

对于 $o\in J_i$,根据 JSP 的特点,J_i 中 o 是完全有序的,即如果 o_i 排在 o_k 之前,那么 o_i 必须在 o_k 之前完工,记作 $o_i\angle o_k$。还可以定义,在 o_i 之前加工的工序为 $\angle\mathrm{pred}(o_i)$,紧跟在 o_i 之后加工的工序为 $\angle\mathrm{succ}(o_i)$。

O 还可以根据对应的机器分成子集,即 $M_1,M_2,\cdots,M_m$。同样可以定义 $m(o)=i$,如果 $o\in M_i$,这里每道工序的加工时间为 $\mathrm{pt}(o)$,如果用 $t(o)$ 表示工序 o 开始加工的时间,那么 JSP 的数学模型可以表示如下:

$$t(\angle\mathrm{succ}(o_i))-t(o_i)\geqslant\mathrm{pt}(o_i),\quad \forall o_i\in O$$

$$t(o_i)-t(o_j)\geqslant\mathrm{pt}(o_j),\quad \forall o_i,o_j\in O\text{ 且 }m(o_i)=m(o_j),\text{同时 }t(o_i)-t(o_j)\geqslant 0$$

$$t(o_i)\geqslant 0,\quad \forall o_i\in O\text{ 的条件下使 }t(o_{\mathrm{last}})\text{最小}$$

表 1-1 所示为一个包含 3 个工件,需要在 3 台机器上加工的 JSP 实例,表中括号内的数字表示在此机器上的加工时间。注意,在本书中,若无特别说明,加工时间均采用单位时间表示。

表 1-1　JSP 实例

工件	工序 1	工序 2	工序 3
1	机器 2(5)	机器 1(7)	机器 3(6)
2	机器 1(8)	机器 3(4)	机器 2(6)
3	机器 3(8)	机器 2(9)	机器 1(3)

1.3　车间调度问题常用求解方法

车间调度问题的特性决定了该问题是个十分复杂的问题,也正因为如此,多年来,对这一问题的研究吸引了来自不同领域的大量研究人员,他们提出了若干求解方法,希望能满足实际应用的需求。以下对这些方法进行简单介绍[21]。

1. 运筹学方法

运筹学方法结合数学和运筹学的理论来求解调度问题。虽然该类方法大多能从理论上求得最优解,但是它仅适合简单的调度问题;当面对复杂的环境时,存在计算复杂、运算耗时等困难,从而难以在实际环境中得到广泛应用。同时,这一类方法需要对研究对象的特点进行全面的分析,对问题的依赖性很强,不利于推广。针对调度问题,主要的运筹学方法有分支定界法和数学规划方法两大类。

1) 分支定界法

分支定界法是求解组合优化问题的一种通用方法,最早由 Land 和 Diog[22] 于 1960 年提出。大量基于分支定界法的改进方法被应用于求解各类生产调度问题,如单机调度、并行机调度、流水车间调度、作业车间调度等问题。分支定界法的主要思想是对所求问题的所有可行解进行枚举操作。在求解过程中,首先确定目标值的上界,然后以此为标准对搜索树的一些超出该上界的分支进行舍弃操作,并通过这样的循环操作缩小搜索空间。可见,分支定界法对问题的上界依赖性很强,因此对于大规模的问题难以在合理的时间里获得最优解或者较优解。针对该缺点,需要进一步研究分支定界的规则,设计出更为强大的、效率更高的排除规则。

2) 数学规划方法

用等式和不等式表达调度问题的目标函数和约束等,再通过各种数学规划方法求解调度问题的方法称为数学规划方法。目前,已有多种数学规划方法被应用到调度问题中,如整数规划、混合整数规划、拉格朗日松弛法、动态规划等。其中,拉格朗日松弛(Lagrangian relaxation,LR)法是求解组合优化问题的非常经典的方法。它的主要思想是松弛原问题中较难的约束,将它吸收到目标函数中,使原问题转化为一些比较简单的独立对偶问题,再通过求解这些对偶问题来获得原问题的最优解或近似最优解。自 20 世纪 70 年代起,拉格朗日松弛法被成功用于求解生产调度这类典型的组合优化问题。

动态规划最早是由 Bellman 在 20 世纪 50 年代提出的[23],它以最优化原理和无后效性为基础,将复杂问题分解为一系列较为简单的子问题,对每一个子问题进行分析求解,获得子问题的最优解,最后再利用各个子问题间的关系,将这些子问题的最优解合并得到原问题的最优解。动态规划在生产调度问题中也有着很多成功的应用。

数学规划方法或者分支定界法等精确的方法只适合求解规模较小、环境简单的调度问题,当面对复杂多变的实际调度环境时往往难以应对。

2. 启发式规则

启发式规则是一类局部优化方法,通过一些规则快速建立调度问题的解;但是难以保证求得的解的可行性和最优性,也无法对解的性能进行定量的评估。目前,基于启发式规则的方法主要有三大类:基于优先分派规则(priority dispatch rules,PDR)、基于插入方法(insertion methods,IM)和基于转移瓶颈规则(shifting bottleneck procedure,SBP)。下面对前两类方法做简要的介绍。

1)基于优先分派规则

基于优先分派规则是指在工件加工时,根据设定的一些优先次序安排工件的加工顺序。该方法是最早的一类近似方法,具有易于实现、计算复杂度低等特点,可以广泛地应用到各种调度问题中。Panwalker 和 Skander 对 113 种不同的规则进行了总结和分析,其中常用的规则如下。

(1) 先到先服务(first come first served,FCFS)规则,指的是按照工件到达的先后顺序依次进行加工,先到的先加工。

(2) 最短加工时间(shortest processing time,SPT)优先规则,指的是按照工件在所有机器上的总加工时间从短到长排序,排在前面的先加工,排在后面的后加工。

(3) 最早工期(earliest due date,EDD)优先规则,指的是按照工期从短到长的顺序进行排序,并以此顺序来安排工件先后加工顺序。

(4) 最长加工时间(longest processing time,LPT)优先规则,指的是按照工件在所有机器上的总加工时间从长到短排序,排在前面的先加工,排在后面的后加工。

(5) 剩余总加工时间最长(most work rerunning,MWR)优先规则,指的是根据当前工件剩余的加工时间从长到短排序,排在前面的先加工,排在后面的后加工。

(6) 剩余工序数最多(most operations remaining,MOR)优先规则,指的是根据当前工件剩余的工序数从多到少排序,依次安排工件加工。

一些研究表明单一的规则效果有限,通过综合多个规则共同指导工件加工顺序的方法具有更好的效果。但是这些规则设定只考虑机器或者工件当前的状态,导致解的整体性能受到一些影响。

2)基于插入方法

与前文的基于优先分派规则相比,基于插入方法的实施过程较为复杂:在整个调度过程中需要不断地根据当前机器和工件的状态进行排序,选择最优的作为当前的子调度,直到安排所有的工件完成加工任务为止。目前主要的规则如下。

(1) NEH(Nawaz-Enscore-Ham)规则是一种求解流水车间调度问题非常有效的启发式规则。它首先计算各工件在所有机器上的加工时间和,并按照递减顺序排列;然后将最前面两个工件进行调度排列,选出较好的排列;接着将剩余的工件依次插入已经排好的工件调度序列中的所有可能位置,进行调度排序,生成新的调度排列,直到所有工件都已参与排序,生成完整的调度解。

(2) Johnson 规则用来最小化包含两台机器的流水车间调度问题的最大完工时间,效果很好,它为后来用启发式规则求解包含多台机器的流水车间调度问题奠定了良好的基础,几乎所有的启发式规则都会用到它的思想。其主要步骤为:首先将工件分为 A 和 B 两组,其中 A 组里的工件在第二台机器上的加工时间比在第一台机器上的加工时间长,B 组里的工件与之相反;然后将 A 组里的工件按它们在第一台机器上的加工时间从小到大排列,将 B 组里的工件按它们在第二台机器上的加工时间从大到小排列;最后将 A 组和 B 组工件连在一起,组成完整的工件加工序列,依次加工。

(3) CDS(Campbell-Dudek-Simth)规则是 Johnson 规则的一种扩展形式,用于求解包含多台机器的流水车间调度问题。具体步骤为:首先将 m 台机器系统地分为两组,产生 $m-1$ 个两台虚拟设备问题的合;然后利用 Johnson 规则获得 $m-1$ 个调度序列,选出其中最好的一个加工序列作为最优调度解;同理考虑包含 3 台机器、4 台机器直到 m 台机器的组,获得最终的完整调度解。

(4) Palmer 规则是根据工件在各台机器上的加工时间,按照斜度顺序排列的启发式规则。按照各台机器的顺序,加工时间逐步增加的工件优先权数大;反之,加工时间逐步减少的工件优先权数小。

由于作用于整个调度过程,在大多数情况下,基于插入方法求解调度问题的效果要好于基于优先分派规则,但是同样地,面对大规模问题时,它还是难以得到性能较优的解。

3. 智能优化算法

在过去的几十年里,传统的运筹学方法和启发式规则得到了很大的发展,但是实际的生产调度问题十分复杂,规模也很庞大,这些传统的调度方法无法用来求解实际生产调度问题。理论调度与实际调度之间存在很大的差距,这个问题一直困扰着广大研究者。自 20 世纪 80 年代起,人工智能的思想开始被引入生产调度问题中,孕育出了大量有效的智能优化算法。前文介绍的启发式规则属于构造型算法,即从什么都没有开始,逐步增加一个工件,最后获得完整的调度解,而智能优化算法属于改进型算法,它从一个完整的调度解开始,不断改进,以获得更优的调度解。与传统的运筹学方法相比,智能优化算法不需要对具体问题进行深入分析,对问题的依赖性较弱,仅仅通过计算机的迭代运算就可以完成整个搜索优化过程,但是智能优化算法最终求得的解不一定是全局最优解,它只能保证在较短的时间内获得一个较为满意的解。目前已有的智能优化算法很多,成功应用于生产调度问题的也不少,下面介绍几种最为常见的智能优化算法。

1) 遗传算法

遗传算法(genetic algorithm,GA)是建立在达尔文进化论以及孟德尔遗传学说基础上的,模拟了自然生物界遗传机制和进化理论的优化方法。它最早由美国密歇根大学的教授 Holland 于 1975 年提出[8]。GA 在整个搜索迭代过程中自动获取并积累相关的知识,自适应地控制搜索过程,逐步进化得到最优解。GA 遵循了优胜劣汰、适者生存的原则,在进化中,算法根据种群中每一个个体的适应度值对个体进行选择、交叉和变异操作,产生新的个体,不断进化,使得新产生的个体比原来的个体具有更高的适应度值,更加优秀。GA 是最为常见、最为人熟知的智能优化算法之一,原理简单,具有隐含的并行性和全局搜索能力,对问题的依赖性较弱,通用性强,适合求解各类问题。它自从被提出后,已广泛应用到计算科学、数学、物理学、化学、工程学、经济学等诸多学科领域中,取得了很大的成功。

2) 模拟退火算法

模拟退火(simulated annealing,SA)算法模拟了物质退火的物理过程,最早由 Metropolis 等于 1953 年提出[7]。退火指的是将物质加热后再按照一定的速度进行冷却,物质中的原子初始温度较高,内能较大,在退火过程中内能不断减少,逐步到达稳定状态,找到比原位置具有的内能更小、更加稳定的新位置。SA 算法具有一定的并行性,它也是从某一个较高的温度开始降温,伴随温度的不断下降,结合概率突跳特性在解空间中随机寻找目标函数的全局最优解,具有很强的全局搜索能力。SA 算法效果的好坏与初始状态的好坏无关,无论初始状态如何,SA 算法都可以渐近收敛到最优解,并且已经在理论上被证明是一种以概率 1 收敛到全局最优解的全局优化算法。

3) 禁忌搜索算法

禁忌搜索(tabu search,TS)算法又称 tabu 搜索算法,最早由美国科罗拉多大学教授 Glover 于 1986 年提出[13]。TS 算法是局部搜索算法的一种推广,它通过模拟人类记忆的原理,对一些局部最优解进行禁忌操作,期望跳出局部最优解。在 TS 算法中,首先确定一个初始解,并在初始解的邻域进行搜索,选取其中的最优解作为当前解,将本次搜索的数据存储到禁忌表中,以免重复搜索;再对当前解进行邻域搜索,如果搜索得到的最优解比已记录的最优解更好,则进行替代,并相应地修改禁忌表,否则将当前搜索得到的未被禁忌的最优解作为新的当前解,无论它是否好于已经禁忌的当前解,同时也相应地修改禁忌表;上述过程不断迭代循环,直到满足终止条件为止。TS 算法利用禁忌表来记录搜索过的历史结果,在一定程度上使该搜索过程能够避开局部极值点,并且避免对已经搜索过的区域进行重复搜索,有利于开辟新的搜索区域。

4）蚁群优化算法

蚁群优化（ant colony optimization，ACO）算法最早由 Dorigo 等人在 20 世纪 90 年代提出[24]。此算法模拟了蚂蚁在寻找食物过程中发现路径的行为。ACO 算法是一种基于种群寻优的智能优化算法，它充分利用了生物蚁群能通过个体间简单的信息传递，搜索从蚁巢至食物间最短路径的集体寻优特征。ACO 算法具有两个最显著的特点，即多样性和正反馈，其中多样性保证了算法在运行过程中具有不断找到新解的能力，而正反馈机制则保证了种群中优良的信息能够被保留下来。多样性可以看作一种创造能力，正反馈则可以看作一种学习强化能力，两者的结合能够有效增强算法的搜索能力，提高算法的求解效果。此算法最早用来求解旅行商问题（travelling salesman problem，TSP），随后逐步应用到各个领域，如背包问题、生产调度问题、分配问题、车辆路径问题等。

5）粒子群优化算法

粒子群优化（particle swarm optimization，PSO）算法又称微粒群算法，最早由 Kennedy 和 Eberhart 两位学者在 1995 年提出[10]。PSO 算法是通过模拟鸟群觅食行为而发展起来的一种群智能优化算法，它首先随机初始化种群，然后利用个体所寻找到的最优解及全局最优解的信息不断迭代更新寻求最优解。与 GA 相比，PSO 算法种群中的粒子具有记忆功能，进化规则更为简单，不需要进行类似于 GA 中的交叉和变异操作，只需要根据所有粒子的最优位置和当前粒子的历史最优位置，以一定的机制逐步向它们靠拢即可。PSO 算法容易实现，精度高，收敛速度快，自提出以来便很快在各个领域得到了很好的应用。

6）帝国主义竞争算法

帝国主义竞争算法（imperialist competitive algorithm，ICA）是基于帝国主义殖民竞争机制的一种新的优化算法。2007 年，Atashpaz-Gargari 和 Lucas 受帝国主义国家与其殖民地国家的竞争历史的启发，在基于人口数量最优化算法的著作中提出了帝国主义竞争算法[25]。该优化算法是一种属于社会启发的智能计算方法，根据帝国主义国家的社会政策来控制更多的国家，在殖民地国家受一些规律支配时使用它们的资源，如果一个帝国主义国家失去强大的势力，其他国家将占有它。在 ICA 中，由被称为国家的个体来模拟这个过程，帝国主义竞争算法的基本思想是：同其他进化算法相似，在 ICA 开始部分，将一组个体定义为各个国家，所有的国家被分为帝国主义国家和殖民地国家；将最初比较强大的国家作为帝国主义国家，其他国家作为殖民地国家；根据每个国家的势力将殖民地分配给不同的帝国主义国家；帝国主义国家与其所包含的殖民地国家被称为同一个帝国主义国家；帝国主义国家之间通过竞争以获得更多的殖民地国家，势力更大的帝国主义国家有较大的可能性占有最弱的殖民地国家，势力薄弱的帝国主义国家将逐渐失去其殖民地国家；当所有殖民地国家全部被一个帝国主义国家占有时，该算法结束。帝国主义竞争算法具有简单、准确、省时等优点，是一种十分有效率且易于使用的优化算法，节省内存，寻优时间短，并且能够快速地在搜索空间里收敛到最优解。

1.4 加工时间可控的车间调度基本问题模型

经典车间调度问题中的工件加工时间通常被认为是固定且离散的量,传统车间调度问题可被看成加工时间可控的车间调度问题的特例[26],所以加工时间可控的车间调度问题仍然是NP难问题。显然,加工时间可控的车间调度问题也是一类复杂的多目标组合优化问题。目前,较少学者研究加工时间可控的流水车间和柔性作业车间调度问题。如何建立相关数学模型并设计出高效可行的优化方法是当前学者需要研究的一个重要方向。因此,研究加工时间可控的车间调度问题具有十分重要的实际应用价值与理论意义。

本书的主要研究内容包括加工时间可控的单机、并行机、流水车间、作业车间和柔性作业车间多目标调度问题模型的建立及其智能优化算法的设计。下面对这5类车间调度问题进行综述与分析。

1. 加工时间可控的单机调度问题

由于加工时间可控的调度问题具有高度复杂性,因此目前大多数加工时间可控条件下的调度问题研究主要集中在单机环境下。Vickson[27]是最早研究加工时间可控调度问题的学者之一,他主要研究了单机环境下的总流程时间和由压缩加工时间引起的总压缩成本的权重和最小的问题,并设计了一种启发式算法来优化该类小规模调度问题。Nowicki和Zdrzałka[28]就加工时间可控排序问题给出了直到1990年的研究综述。随后,Shabtay和Steainer[29]对2007年前的加工时间可控调度问题的研究进行了全面回顾和总结。Panwalkar和Rajagopalan[30]考虑了工件具有共同交货期的静态单机排序的小规模问题,其中工件的加工时间是可控的,即压缩时间量与成本成线性关系,优化目标是最小化提前-延迟成本以及加工成本之和。Zdrzałka[31]研究了小规模的单机调度问题,该问题中的每个工件都有一个释放时间、传输时间以及与成本相关的可控加工时间,并提出了一种近似优化算法来求解该问题使总生产成本目标最小化。Chen等[32]考虑了一个单机调度问题,在这个问题中,工件加工时间和释放时间都是在指定范围内可控变化的,并分别优化了最大完工时间和总权重延迟时间等目标。Biskup和Cheng[33]研究了加工时间可控的单机提前-拖期调度问题,在该模型中,压缩时间是关于成本的线性函数。他们的目标是寻找一组最优的工件排序、交货期和加工时间,使其与提前-拖期、完成时间及压缩成本相关的总成本值最小。Kayan和Aktürk[34]确定了一个单机数控机床双目标调度问题在加工时间可控条件下每个工件加工时间的上下界。Cheng等[35]考虑了加工时间和释放时间均可控的小规模单机调度问题。他们提出了一种$O(n^2)$算法来求解该问题,使目标最大完工时间和总压缩成本之和最小。Atan和Aktürk[36]研究了加工时间可控的单机数控机床调度问题,其目标是最大化总利润。该利润为已完成调度的工件带来的税收减去带权重的总提前-拖期之和、加工工具以及机床成本。除此之外,他们还提出了一系列的调度规则和调度算法并将其引入一种四阶段的启发式算法中,同时对每个工件的加工时间与可行的调度方案进行了求解,以此获得最大化的整体利润。Tseng 等[37]研究了加工时间可控的单机调度问题,该问题的目标是最小化总延迟时间和压缩成本加权之和。他们设计出了该问题的两种线性规划数学模型,并提出了一种净压缩收益(net benefit of compression,NBC)算法对该小规模车间调度问题进行求解。Kayvanfar 等[38,39]延续了 Tseng 等人的工作,并设计了一种净压缩和净扩展收益(net benefit compression-net benefit expansion,NBC-NBE)算法来求解该类问题。Yin 和 Wang[40]采用了启发式算法来求解加工时间可控和带有学习效应的单机调度问题。该问题的目标是最小化与最大完工时间、总完工时间及完工时间的绝对差异等相关的成本函数。Xu 等[41]提出一种多项式时间 $O(n^2)$ 算法用来求解这类调度问题,使其总延迟时间最小。Yin 等[42]求解了具有共同交货期与加工时间可控的单机批量调度问题。他们提出了一种 $O(n^5)$ 动态规划算法和 $O(n \log n)$ 算法来寻找最优解使得成本最小。Nearchou[43]对加工时间可控单机调度问题进行了研究,并将总加权完工时间与压缩成本之和最小化作为目标函数。很多基于种群的元启发式算法也被应用到了这类问题的处理之中。Giglio[44]考虑了一类具有机器行为不可靠、加工时间可控、考虑序列相关的准备时间以及交货期等特点的单机调度问题。该问题的目标是最小化加权拖期和、加权消耗成本及准备成本。他提出了一种动态编程的方法来对此问题进行求解。Zhou 和 Peng[45]研究了一类具有非负库存约束和离散可控加工时间的单机调度问题,建立了求解不同尺度问题的精确算法和混合元启发式算法。王杜娟等[46]研究了恶化效应下加工时间可控的新工件到达的单机小规模调度问题。减少加工成本和时间扰动为该问题的两个目标。王磊和张玉忠[47]研究了加工时间可控的单机分批调度问题,提出了相应的多项式时间最优算法来分别求解以最小化最大完工时间、总完工时间与加工时间可控所需费用总和最小为优化目标的问题。但研究的问题依然是小规模调度问题。赵玉芳等[48]研究了带有学习效应、恶化效应和资源分配的单机工期分配问题,针对 CON、SLK、DIF 三种不同工期分配问题中的每一种,均提出相应的多项式时间内的最优算法,通过将其转换为指派问题,证明这些问题都是多项式时间可解的。

从现有的相关研究可知,加工时间可控的单机调度问题主要集中在单目标、小规模调度问题领域,工件加工时间可控环境下的多目标、大规模调度问题尚未见到研究。为此,本书针对这一问题展开了研究。

2. 加工时间可控的并行机调度问题

相比单机调度问题,多机环境下的相关调度问题的研究成果目前尚不多,且主要集中在并行机调度问题上。例如,Nowicki 和 Zdrzałka[49]考虑了一种双目标优化方法来求解 m 台并行机预调度问题,其中工件加工成本是可变加工时间的线性函数。在不相关并行机环境下,Alidaee 和 Ahmadian[50]专门研究了该类具有线性压缩成本函数的调度问题,其目标是最小化总压缩成本和总流程时间或者最小化总压缩成本和提前-延迟惩罚权重和。他们将这类问题当作传输问题来求解。Cheng 等[51]研究了不相关并行机调度问题,其中加工时间可通过花费额外成本来进行压缩,且成本是压缩量的一个凸函数;此外,他们还假设交货期是无穷大的。Jansen 和 Mastrolilli[52]研究了在相同并行机环境下的加工时间可控调度问题,工件加工时间可以被压缩但需要额外的压缩成本。Chen[53]研究了带工件加工与资源分配的并行机调度问题,该问题的目标是最小化由指标性能成本和资源分配成本构成的总成本。Grigoriev 等[54]考虑了不相关并行机调度问题,其中工件加工时间依赖于离散可再生资源的使用量。他们采用了一种线性规划方法将资源分配到工件上,同时也将工件分配到机器上,使目标最大完工时间最小。Grigoriev 和 Uetz[55]考虑了这样的一类调度问题,n 个工件在一组 m 台可选机器上进行加工,工件的加工时间依赖离散可再生资源的使用量。此类问题的目标是找到最优资源分配和对应的可行调度方案使最大完工时间最小。Gürel 和 Aktürk[56]考虑一台相同并行机的可控加工时间的数控机床,就时间和成本之间的权衡问题进行了研究。Gürel 等[57]考虑了加工时间可通过一定的压缩成本来控制,并采用一种可预测的方法来产生一个初始调度方案,以便使有限的生产资源可被充分利用。Turkcan 等[58]研究了加工时间可控的并行机数控机床问题,其目标是最小化制造成本与总提前-延迟权重之和。他们假设零件具有提前-延迟惩罚量和不同的交货期;此外,他们还考虑了机器所允许的闲置时间大小对加工时间的影响,但却没有考虑由此释放加工时间所导致的成本变化。Aktürk 等[59]研究了不相关并行机调度问题,其中工件加工时间只有在付出一定的制造成本时才能进行压缩且制造成本是压缩时间的一个凸函数。他们引入了替换匹配调度问题来找出时间和成本之间的折中解。Leyvand 等[60]研究了加工时间可控的并行机调度问题,其优化目标是最大化工件在交货期范围内完工的数量和最小化资源分配总成本。Li 等[61]等考虑了加工时间可控的相同并行机调度问题,目标是最小化总完工时间,该问题中的加工时间是消耗资源量的线性递减函数。Kayvanfar 等[5]研究了加工时间可控的不相关并行机调度问题,其目标是最小化提前-延迟与压缩成本的总和。Hsieh 等[62]考虑了带离散可控加工时间的不相关并行机调度问题,该问题的目标是最小化标准指标成本与总加工成本之和。Guo 等[63]考虑了无关并行机调度问题,以总机器负荷和总控制成本的加权和最小为目标,提出了一种求解该问题的优化算法,给出了相应的数值例子来说明这个问题。徐开亮[26]研究了加工时间可控的并行机调度问题,并设计了高效的禁忌搜索算法用于该问题的求解。

从以上文献综述可知,当前加工时间可控的并行机调度问题研究主要集中在单目标、小规模并行机调度问题领域,工件加工时间可控的多目标并行机调度问题尚未见到相关研究。因此,本书针对该类问题展开了深入研究。

3. 加工时间可控的流水车间调度问题

加工时间可控的流水车间调度问题的研究目前较少,同时,采用的优化方法依然是基于先验知识的处理机制。例如,Mokhtari 等[64]提出了一种离散差分进化(discrete differential evolutionary,DDE)算法与变邻域搜索(variable neighborhood search,VNS)相结合的方法来优化加工时间可控的置换流水车间调度问题。他们将最大完工时间和总资源成本同时作为优化目标,并对这两个目标设置不同的权重值来获取这两个目标的折中解,但是这类处理多目标优化问题的方法本质上是权重和方法。该方法虽然操作简单,但是需要通过多次运算获取非支配解,且获得的非支配解集的质量一般较差。Shabtay 等[65]提出了一种适用于准时化(just in time,JIT)流水车间调度系统的伪多项式时间算法,在该算法中,加工时间可以通过资源分配来控制。但是他们只考虑了两台机器环境下的流水车间调度问题,这与很多实际生产中大规模制造环境仍有一定的差距。Behnamian 和 Fatemi Ghomi[66]提出了一种基于遗传算法(GA)和可变邻域搜索(VNS)算法的混合方法,用于处理时间依赖于资源的混合流水车间调度问题(HFSP)。他们采用了线性加权和的方法使最大完工时间和总资源分配成本之和最小。Jiang 等[67]采用了一种双层优化方法来求解混合流水车间调度问题。在该问题中,某些阶段的加工时间是可控的,然而他们采用了线性加权和的方法来处理该多目标调度问题,这些目标包括等待时间、准时化目标和调整目标。Yu 等[68]研究了两台机器上具有学习效应和资源分配的无等待流水车间调度问题,在总加权资源消耗(调度准则)小于或等于给定常数的约束下,找到最小化总加权资源消耗的最优资源分配和作业序列,其中调度准则包括加权完工时间、总完成(等待)时间和完成(等待)时间的总绝对差值。针对加工时间可控的混合流水车间调度问题,Mokhtari 等[69]提出了混合离散差分进化(HDDE)和可变邻域搜索(VNS)算法,以解决加工时间依赖于资源的多目标流水车间调度问题。Mokhtari 等[70]设计了一种两阶段遗传算法(GA),用于求解加工时间可控的无等待流水车间调度问题。Missbauer 等[71]只讨论了铸造阶段涉及加工时间可控的炼钢连铸调度问题,提出了一个数学规划模型,没有计算结果。谭圆圆等[72]以炼钢连铸为实际生产背景,研究加工时间可控的两阶段流水车间多目标调度问题。他们采用了加权的方法将多目标问题转化为单目标问题。

从以上文献综述可看出,大多数研究主要采用了线性加权和方法将多目标优化问题转化为单目标问题(single-objective problem,SOP)后再进行求解。但是这类方法不仅需要运行多次才能获得不太理想的非支配解,而且会掩盖目标之间潜在的折中(trade-off)关系。针对这一问题,本书提出了基于 Pareto 的多目标进化算法并对相关调度问题展开了深入研究。

4. 加工时间可控的作业车间调度问题

目前对加工时间可控的作业车间调度问题的研究较少,所采用的方法也都集中于数学模型优化方面。例如,Aktürk 和 Ilhan[73]提出了一种数控机床切削力控制方法。由于刀具磨损,加工时间取决于切削力。所提出的方法应用于一台铣床中心(只有一台机器),结果表明,该方法对不确定数控机床是有效的。Niu 等[74]提出了一种基于搜索的元启发式算法求解考虑了加工时间离散可控的作业车间调度问题,但是在制造系统中进行测试时没有研究异常和动态事件。Aschauer 等[75]将加工时间可控的作业车间调度问题分解成时间表和排序两个子问题来求解,提出了新的方法,优化了最大完工时间。Gao 等[76]提出了两个数学模型,用来解决具有交货期和分包成本约束的无等待作业车间调度问题,一个是集成的混合整数线性规划(MILP-IS)模型,另一个是滚动时间线的混合整数线性规划(MILP-RTL)模型;同时,根据滚动时间线的思想进行加工时间的控制,提出了一种基于滚动时间线的人工蜂群算法(RTL-ABC)。

5. 加工时间可控的柔性作业车间调度问题

针对加工时间可控的柔性作业车间调度问题,目前相关研究较少。少数研究工作还是集中在加工时间可控的作业车间调度问题上。例如,Niu 等[77]建立了一个基于析取图的离散加工时间的作业车间调度问题模型。他们采用了一种三阶段的分解式方法来求解这个调度问题,将该问题看成两个子问题,即作业车间调度问题和一系列的离散时间成本权衡问题,并分别进行求解。孟磊磊等[78]研究了考虑关机/重启节能策略和加工时间可控的柔性作业车间调度问题(FJSP),提出了两个考虑关机/重启节能策略的混合整数线性规划(MILP)模型,并使用 CPLEX 求解器对 20 组测试实例进行了求解。

1.5 问题现状与分析

从现有的相关研究可知,加工时间可控的车间调度问题主要集中在单目标、小规模调度问题领域,工件加工时间可控环境下的多目标、大规模调度问题尚未见到研究。此外,目前大多数研究主要采用了线性加权和的方法,将多目标优化问题转化为单目标问题后再进行求解。但是这类方法不仅需要运行多次才能获得不太理想的非支配解,而且会掩盖目标之间潜在的折中关系。基于 Pareto 的多目标进化算法是一种有效的求解多目标优化问题的方法,然而多目标进化算法主要是针对连续优化问题提出的优化算法,对于离散问题,需要提出合理的编码机制以及合适的更新算子来适应问题的特点。为此,本书针对这一类型车间调度问题,提出了基于 Pareto 的多目标进化算法对相关调度问题,并展开了深入研究。

1.6 本书的主要内容及总体结构

本书的总体结构如图 1-1 所示。
本书的具体章节内容安排如下。

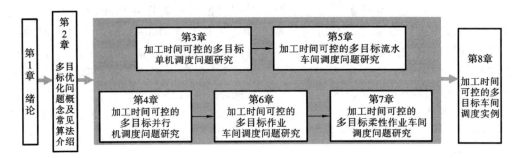

图 1-1 本书总体结构

第 1 章介绍了车间调度问题和多目标优化问题。从宏观角度介绍了加工时间可控车间调度问题的概念和常见的车间调度问题。

第 2 章对多目标进化算法进行了介绍,简述了多目标进化算法的概念和评价指标,并对常见多目标进化算法进行了介绍和总结。

第 3 章研究了加工时间可控的多目标单机调度问题。本章首先建立了以最小化总延迟时间和总压缩成本为目标的加工时间可控的单机调度数学模型,然后提出了一种基于遗传算子和灰狼优化的多目标进化算法 MODGWO 来求解该问题。同时,为了适应问题的特征,设计了一种双层编码方式。数值实验表明提出的编码机制能有效地降低算法的信息冗余度。本章还提出了一种成本降低策略以改善解的质量,这种策略能够在不改变工件加工排序的情况下,减少总压缩成本且保持总延迟时间不变。最后,为了测试 MODGWO 求解该类问题的有效性,将 MODGWO 与其他经典多目标进化算法进行了对比,实验结果表明 MODGWO 在求解加工时间可控的单机调度问题上是十分可行有效的。

第 4 章研究了加工时间可控的多目标不相关并行机调度问题。首先对该问题进行了详细阐述,然后分析了该问题的基本特征。在此基础上,建立了以最小化最大完工时间和额外资源总消耗为目标的数学模型,并提出了一种基于遗传算法与病毒优化算法的优化方法 MODVOA 来求解该类问题。数值实验结果表明,相比其他多目标进化算法(如 NSGA-Ⅱ、SPEA2 及 MODGWO),提出的 MODVOA 算法可有效地解决此类调度问题。

第 5 章研究了加工时间可控的多目标流水车间调度问题。该问题的特点在于多台机器可在同一时刻加工一道工序,它打破了传统调度问题的约束限制。也就是说,该问题中工件的加工时间与所分配的机器数量有关,因此它是一个新的调度问题。首先,本章构建了以焊接调度问题为背景的混合整数规划多目标数学模型,该模型考虑了一些实际约束条件,如可控加工时间、序列相关的准备时间以及工件相关的传输时间;其次,提出了一种混合离散灰狼优化算法 MODGWO 来求解该调度问题,使最大完工时间与机器负载目标同时最小。该算法采用了双层编码机制进行编码,第一层为工件排序,第二层为机器分配矩阵。为了降低机器负载目标,设计了一种机器负载策略来调整机器数量。为了测试 MODGWO 算法的有效性，将其与其他多目标进化算法进行了比较，实验结果表明提出的 MODGWO 算法在求解加工时间可控的流水车间调度问题上要优于其对比的算法。

第 6 章研究了加工时间可控的多目标作业车间调度问题。本章介绍了两种控制加工时间的方法，并考虑了静态车间和动态车间两种环境下的调度情况。选择生产组合、机器故障和中途到达三种动态事件，将各种动态因素和两种控制加工时间的方法集成到多 Agent 系统中进行研究，并设计了仿真实验，对比两种控制加工时间方法的优劣，在考虑多种评价指标的情况下对实验结果进行分析。

第 7 章研究了加工时间可控的多目标柔性作业车间调度问题。首先，本章建立了以最小化最大完工时间和额外资源总消耗为目标的加工时间可控的柔性作业车间调度模型。其次，为了求解该问题，提出了一种新颖的多目标离散病毒优化算法 MODVOA。在该算法中每个病毒包含了三层编码方式、改进的初始化种群策略及混合更新算子。为了进一步提高局部开采能力，在搜索的后期利用问题属性的探索机制来更新种群。最后，为了验证 MODVOA 的有效性，将其与 NSGA-Ⅱ、SPEA2 及 MODGWO 在数值实例上进行求解并比较，实验结果表明，相比其他算法，提出的 MODVOA 在这些数值实例中能够取得较好的结果。

第 8 章对焊接生产车间与发动机冷却风扇生产车间实际调度问题分别展开了深入的研究。根据焊接生产车间调度问题的特点，建立了以最小化最大完工时间与机器负载惩罚量为目标的数学模型。采用基于 GA 与 GWO 的混合 MODGWO 对该问题进行优化求解。实验结果表明，所提算法能获得更好的 Pareto 前沿解集。针对发动机冷却风扇生产车间调度问题，根据发动机冷却风扇生产车间的特点，可将该调度问题看作一个加工时间可控的柔性作业车间调度问题，并建立了相关的数学模型，优化目标是同时最小化最大完工时间与额外资源总消耗。采用所提出的 MODVOA 对该问题进行求解，并将 MODVOA 与其他多目标进化算法对比，实验结果表明，所提算法要优于其他多目标优化算法。

本章参考文献

[1] 周济. 智能制造——"中国制造 2025"的主攻方向[J]. 中国机械工程,2015,26(17):2273-2284.

[2] LU C,LI X Y,GAO L,et al. An effective multi-objective discrete virus optimization algorithm for flexible job-shop scheduling problem with controllable processing times[J]. Computers & Industrial Engineering,2017,104:156-174.

[3] DU J Z,LEUNG J Y-T. Minimizing total tardiness on one machine is NP-hard

[J]. Mathematics of Operations Research,1990,15(3):483-495.

[4] GAREY M R,JOHNSON D S,SETHI R. The complexity of flowshop and jobshop scheduling[J]. Mathematics of Operations Research,1976,1(2):117-129.

[5] KAYVANFAR V, KOMAKI GH M, AALAEI A, et al. Minimizing total tardiness and earliness on unrelated parallel machines with controllable processing times[J]. Computers & Operations Research,2014,41:31-43.

[6] 刘民,吴澄. 制造过程智能优化调度算法及其应用[M]. 北京:国防工业出版社,2008.

[7] BROOKS S P,MORGAN B J T. Optimization using simulated annealing[J]. The Statistician,1995,44(2):241-257.

[8] HOLLAND J H. Genetic algorithms and the optimal allocation of trials[J]. SIAM Journal on Computing,1973,2(2):88-105.

[9] MAROOSI A, MUNIYANDI R C, SUNDARARAJAN E, et al. A parallel membrane inspired harmony search for optimization problems: A case study based on a flexible job shop scheduling problem[J]. Applied Soft Computing,2016,49:120-136.

[10] EBERHART R,KENNEDY J. A new optimizer using particle swarm theory [C]//Proceedings of the Sixth International Symposium on Micro Machine and Human Science. IEEE,2002.

[11] SINHA N, CHAKRABARTI R, CHATTOPADHYAY P K. Evolutionary programming techniques for economic load dispatch[J]. IEEE Transactions on Evolutionary Computation,2003,7(1):83-94.

[12] WANG K P,YURYEVICH J. Evolutionary-programming-based algorithm for environmentally-constrained economic dispatch[J]. IEEE Transactions on Power Systems,1998,13(2):301-306.

[13] GLOVER F. Tabu search—Part I[J]. ORSA Journal on Computing,1989,1(3):190-206.

[14] STORN R,PRICE K. Differential evolution—A simple and efficient heuristic for global optimization over continuous spaces[J]. Journal of Global Optimization,1997,11(4):341-359.

[15] DEB K, PRATAP A, AGARWAL S, et al. A fast and elitist multiobjective genetic algorithm: NSGA-II [J]. IEEE Transactions on Evolutionary Computation,2002,6(2):182-197.

[16] ZHANG Q F,LI H. MOEA/D:A multiobjective evolutionary algorithm based on decomposition[J]. IEEE Transactions on Evolutionary Computation,2007,

11(6):712-731.
[17] WOLPERT D H, MACREADY W G. No free lunch theorems for optimization[J]. IEEE Transactions on Evolutionary Computation, 1997, 1(1):67-82.
[18] LU C, GAO L, LI X Y, et al. Energy-efficient multi-pass turning operation using multi-objective backtracking search algorithm[J]. Journal of Cleaner Production, 2016, 137:1516-1531.
[19] MIRJALILI S, MIRJALILI S M, LEWIS A. Grey wolf optimizer[J]. Advances in Engineering Software, 2014, 69:46-61.
[20] LIANG Y-C, JUAREZ J R C, et al. A novel metaheuristic for continuous optimization problems: Virus optimization algorithm[J]. Engineering Optimization, 2016, 48(1):73-93.
[21] 张洁, 秦威. 智能制造 调度为先——《制造系统智能调度方法与云服务》导读[J]. 中国机械工程, 2019, 30(8):1002-1007.
[22] LAND A H, DOIG A G. An automatic method of solving discrete programming problems[J]. Econometrica, 1960, 28(3):497-520.
[23] BELLMAN R. Dynamic programming[J]. Science, 1966, 153(3731):34-37.
[24] CORNE D, DORIGO M, GLOVER F, et al. New ideas in optimization[M]. New York: McGraw-Hill, 1999.
[25] ATASHPAZ-GARGARI E, LUCAS C. Imperialist competitive algorithm: An algorithm for optimization inspired by imperialistic competition[C]// 2007 IEEE Congress on Evolutionary Computation. Singapore: IEEE: 4661-4667.
[26] 徐开亮. 生产任务加工时间可控条件下的生产调度问题研究[D]. 西安: 西安交通大学, 2010.
[27] VICKSON R G. Choosing the job sequence and processing times to minimize total processing plus flow cost on a single machine[J]. Operations Research, 1980, 28(5):1156-1167.
[28] NOWICKI E, ZDRZAŁKA S. A survey of results for sequencing problems with controllable processing times[J]. Discrete Applied Mathematics, 1990, 26(2-3):271-287.
[29] SHABTAY D, STEINER G. A survey of scheduling with controllable processing times[J]. Discrete Applied Mathematics, 2007, 155(13):1643-1666.
[30] PANWALKAR S S, RAJAGOPALAN R. Single-machine sequencing with controllable processing times[J]. European Journal of Operational Research, 1992, 59(2):298-302.
[31] STANISŁAW Z. Scheduling jobs on a single machine with release dates, delivery times and controllable processing times: worst-case analysis[J].

Operations Research Letters,1991,10(9):519-523.

[32] CHEN Z L,LU Q,TANG G C. Single machine scheduling with discretely controllable processing times[J]. Operations Research Letters,1997,21(2):69-76.

[33] BISKUP D,CHENG T C E. Single-machine scheduling with controllable processing times and earliness, tardiness and completion time penalties[J]. Engineering Optimization,1999,31(3):329-336.

[34] KAYAN R K, AKTÜRK M S. A new bounding mechanism for the CNC machine scheduling problems with controllable processing times[J]. European Journal of Operational Research,2005,167(3):624-643.

[35] CHENG T C E,KOVALYOV M Y,SHAKHLEVICH N V. Scheduling with controllable release dates and processing times: Makespan minimization[J]. European Journal of Operational Research,2006,175(2):751-768.

[36] ATAN M O, AKTÜRK M S. Single CNC machine scheduling with controllable processing times and multiple due dates[J]. International Journal of Production Research,2008,46(21):6087-6111.

[37] TSENG C T,LIAO C J,HUANG K L. Minimizing total tardiness on a single machine with controllable processing times[J]. Computers & Operations Research,2009,36(6):1852-1858.

[38] KAYVANFAR V,MAHDAVI I,KOMAKI GH M. Single machine scheduling with controllable processing times to minimize total tardiness and earliness[J]. Computers & Industrial Engineering,2013,65(1):166-175.

[39] KAYVANFAR V,MAHDAVI I,KOMAKI GH M. A drastic hybrid heuristic algorithm to approach to JIT policy considering controllable processing times [J]. The International Journal of Advanced Manufacturing Technology,2013,69(1-4):257-267.

[40] YIN N,WANG X Y. Single-machine scheduling with controllable processing times and learning effect[J]. International Journal of Advanced Manufacturing Technology,2011,54(5-8):743-748.

[41] XU K,FENG Z,KE L. Single machine scheduling with total tardiness criterion and convex controllable processing times[J]. Annals of Operations Research,2011,186:383-391.

[42] YIN Y Q,CHENG T C E,et al. Single-machine batch delivery scheduling with an assignable common due date and controllable processing times[J]. Computers & Industrial Engineering,2013,65(4):652-662.

[43] NEARCHOU A C. Scheduling with controllable processing times and

[44] GIGLIO D. Optimal control strategies for single-machine family scheduling with sequence-dependent batch setup and controllable processing times[J]. Journal of Scheduling,2015,18(5):525-543.

[45] ZHOU B H,PENG T. New single machine scheduling with nonnegative inventory constraints and discretely controllable processing times[J]. Optimization Letters,2019,13:1111-1142.

[46] 王杜娟,刘锋,王延章. 恶化效应下加工时间可控的新工件到达干扰管理[J]. 系统管理学报,2016,25(5):895-906,913.

[47] 王磊,张玉忠. 加工时间离散可控的分批排序问题[J]. 曲阜师范大学学报(自然科学版),2008,34(3):37-41.

[48] 赵玉芳,田野,富晓双. 加工时间可控的单机工期分配问题[J]. 沈阳师范大学学报(自然科学版),2019,37(5):401-407.

[49] NOWICKI E,ZDRZAŁKA S. A bicriterion approach to preemptive scheduling of parallel machines with controllable job processing times[J]. Discrete Applied Mathematics,1995,63(3):237-256.

[50] ALIDAEE B,AHMADIAN A. Two parallel machine sequencing problems involving controllable job processing times[J]. European Journal of Operational Research,1993,70(3):335-341.

[51] CHENG T C E, et al. Parallel-machine scheduling with controllable processing time[J]. IIE Transactions,1996,28(2):177-180.

[52] JANSEN K,MASTROLILLI M. Approximation schemes for parallel machine scheduling problems with controllable processing times[J]. Computers and Operations Research,2004,31(10):1565-1581.

[53] CHEN Z L. Simultaneous job scheduling and resource allocation on parallel machines[J]. Annals of Operations Research,2004,129:135-153.

[54] GRIGORIEV A,SVIRIDENKO M,UETZ M. Machine scheduling with resource dependent processing times[J]. Mathematical Programming:Series A and B,2007,110(1):209-228.

[55] GRIGORIEV A,UETZ M. Scheduling jobs with time-resource tradeoff via nonlinear programming[J]. Discrete Optimization,2009,6(4):414-419.

[56] GÜREL S,AKTÜRK M S. Scheduling parallel CNC machines with time/cost trade-off considerations[J]. Computers & Operations Research,2007,34(9):2774-2789.

[57] GÜREL S,KÖRPEOLU E,AKTÜRK M S. An anticipative scheduling

approach with controllable processing times[J]. Computers and Operations Research,2010,37(6):1002-1013.

[58] TURKCAN A,AKTÜRK M S,STORER R H. Predictive/reactive scheduling with controllable processing times and earliness-tardiness penalties[J]. IIE Transactions,2009,41(12):1080-1095.

[59] AKTÜRK M S, ATAMTÜRK A, GÜREL S. Parallel machine match-up scheduling with manufacturing cost considerations[J]. Journal of Scheduling, 2010,13(1):95-110.

[60] LEYVAND Y, SHABTAY D, STEINER G, et al. Just-in-time scheduling with controllable processing times on parallel machines [J]. Journal of Combinatorial Optimization,2010,19(3):347-368.

[61] LI K, SHI Y, YANG S-L, et al. Parallel machine scheduling problem to minimize the makespan with resource dependent processing times[J]. Applied Soft Computing Journal,2011,11(8):5551-5557.

[62] HSIEH P-H, YANG S-J, YANG D-L. Decision support for unrelated parallel machine scheduling with discrete controllable processing times[J]. Applied Soft Computing Journal,2015,30:475-483.

[63] GUO M M, LIU H, WANG J B, et al. Parallel machines scheduling with learning effect and controllable processing times[J]. Operations Research & Management Science,2018.

[64] MOKHTARI H, ABADI I N K, CHERAGHALIKHANI A. A multi-objective flow shop scheduling with resource-dependent processing times: trade-off between makespan and cost of resources [J]. International Journal of Production Research,2011,49(19-21):5851-5875.

[65] SHABTAY D, BENSOUSSAN Y, KASPI M. A bicriteria approach to maximize the weighted number of just-in-time jobs and to minimize the total resource consumption cost in a two-machine flow-shop scheduling system[J]. International Journal of Production Economics,2012,136(1):67-74.

[66] BEHNAMIAN J, GHOMI S M T F. Hybrid flowshop scheduling with machine and resource-dependent processing times[J]. Applied Mathematical Modelling,2011,35(3):1107-1123.

[67] JIANG S L, LIU M, HAO J H, et al. A bi-layer optimization approach for a hybrid flow shop scheduling problem involving controllable processing times in the steelmaking industry[J]. Computers & Industrial Engineering, 2015, 87:518-531.

[68] YU T, MING X, CHONG J, et al. No-wait resource allocation flowshop

scheduling with learning effect under limited cost availability[J]. The Computer Journal,2019,62(1):90-96.

[69] MOKHTARI H,ABADI I,CHERAGHALIKHANI A. A multi-objective flow shop scheduling with resource-dependent processing times:trade-off between makespan and cost of resources[J]. International Journal of Production Research,2011,49(19-21):5851-5875.

[70] MOKHTARI H,ABADI I N K,ZEGORDI S H. Production capacity planning and scheduling in a no-wait environment with controllable processing times: An integrated modeling approach[J]. Expert Systems with Applications,2011, 38(10):12630-12642.

[71] MISSBAUER H,HAUBER W,STADLER W. A scheduling system for the steelmaking-continuous casting process:A case study from the steel-making industry[J]. International Journal of Production Research, 2009, 47 (15): 4147-4172.

[72] 谭园园,宋健海,刘士新.加工时间可控的炼钢调度问题两阶段模型及优化算法[J].控制理论与应用,2012,29(6):697-707.

[73] AKTÜRK M S,ILHAN T. Single CNC machine scheduling with controllable processing times to minimize total weighted tardiness[J]. Computers & Operations Research,2011,38(4):771-781.

[74] NIU G G,SUN S D,LAFON P,et al. Two decompositions for the bicriteria job-shop scheduling problem with discretely controllable processing times[J]. International Journal of Production Research,2012,50(24):7415-7427.

[75] ASCHAUER A,ROETZER F,STEINBOECK A,et al. Efficient scheduling of a stochastic no-wait job shop with controllable processing times[J]. Expert Systems with Applications,2020,162:113879.

[76] GAO J S, ZHU X M, BAI K Y, et al. New controllable processing time scheduling with subcontracting strategy for no-wait job shop problem[J]. International Journal of Production Research,2021(7):1-21.

[77] NIU G G,SUN S D,PASCAL L,et al. A decomposition approach to job-shop scheduling problem with discretely controllable processing times[J]. Science China Technological Sciences,2011,54(5):1240-1248.

[78] 孟磊磊,张超勇,肖华军,等. 面向加工时间可控的柔性作业车间节能调度问题建模[J].计算机集成制造系统,2019,25(5):1062-1074.

第 2 章 多目标优化问题概念及常见算法介绍

2.1 引 言

加工时间可控的车间调度问题是典型的多目标优化问题。在大多数情况下,多目标优化问题的目标不能直接进行优劣关系的比较,各个目标之间经常是相互冲突的,在不降低一种目标值的情况下不能任意提高其他目标的性能,因而只能在各个目标之间进行权衡。现实世界中很多问题都是由相互冲突的多个目标组成,因此多目标问题吸引了很多学者对其进行研究,目前在理论和方法上都取得了一些基础而重要的成果。本章首先描述了多目标优化问题的基本概念,对多目标优化问题进行数学描述和定义,并且较系统地阐述了常见多目标进化算法的基本知识以及算法性能评价指标,方便读者深入理解多目标优化问题。

2.2 多目标优化问题的基本概念

一般来说,多目标优化问题(MOP)指的是由多个目标函数构成且需满足一定约束条件的优化问题。这些目标函数之间通常是相互冲突的,所以多目标优化问题的"优化解"是对于所有目标函数而言均可接受的满意解。从数学观点来看,当优化目标函数的数目超过一个时,该类问题被称为多目标问题。与单目标优化问题(SOP)不同,多目标优化问题的优化结果通常不是一个解,而是一组被称为非支配解或折中解的解,形成解集。不失一般性,寻求最小值的多目标优化问题数学模型可定义如下:

$$\min f(\pmb{x}) = \min[f_1(\pmb{x}), f_2(\pmb{x}), \cdots, f_m(\pmb{x})] \quad (2\text{-}1)$$
$$\pmb{x} = (x_1, x_2, \cdots, x_n) \in R^n$$

式中:$\pmb{x}$ 为决策向量;$f(\pmb{x})$ 为目标函数;R^n 为可行解集合;n 为决策向量的维度;m 为目标函数的个数。

在此基础上,有关 Pareto 支配关系及其定义如下。

定义 1(可行解集合):对于 $\pmb{x} \in R^n$,如果 $\pmb{x}$ 满足问题的约束条件,则 $\pmb{x}$ 就是多目标优化问题中的一个可行解。所有可行解构成的集合称为可行解集合,记为 X_f。

定义 2(Pareto 占优):x_p 和 x_q 是两个不同的可行解,如果 x_p 支配 x_q(记作 $x_p \prec x_q$),则须满足如下约束条件:

(1) 对于所有子目标,x_p 不劣于 x_q,即 $f_i(x_p) \leqslant f_i(x_q), \forall i \in \{1,2,\cdots,m\}$。

(2) 至少存在一个子目标,使 x_p 优于 x_q,即 $f_l(x_p) < f_l(x_q), \exists l \in \{1,2,\cdots,m\}$。

其中:m 表示多目标优化问题中目标函数的个数;x_p 是非支配的,x_q 是被支配的,即 $x_p \prec x_q$。

图 2-1 给出了多目标优化问题中可行解之间的支配关系,下面以最小化双目标函数$(f_1(x),f_2(x))$为例,对其进行解释。

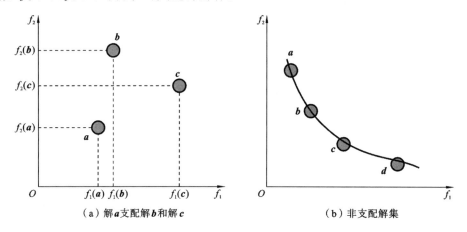

(a) 解 a 支配解 b 和解 c　　(b) 非支配解集

图 2-1　MOP 中可行解之间的支配关系

由于这两个目标函数具有同等的重要性,因此很难确定出优良解。根据定义 2,从图 2-1(a)中可看出解 a 优于解 b。因为 $f_1(a) < f_1(b)$ 且 $f_2(a) < f_2(b)$,也就是说,在所有目标函数上解 a 均比解 b 优秀,所以解 a 支配解 b(记作 $a \prec b$)。同理,对于解 a 与解 c,可推导出解 a 支配解 c(记作 $a \prec c$)。即它们满足如下条件:$f_1(a) < f_1(c)$ 且 $f_2(a) < f_2(c)$。当比较解 b 和解 c 的优劣时,从图 2-1(a)可知目标函数 f_1 方向上解 b 优于 c(即 $f_1(b) < f_1(c)$),但在目标函数 f_2 方向上解 c 优于解 b(即 $f_2(c) < f_2(b)$)。也就是说,解 b 不能支配解 c,解 c 也不能支配解 b。在该种情形下,解 b 与解 c 是相互非支配的。图 2-1(b)中的解均是相互非支配的。

定义 3(Pareto 最优解):当且仅当满足

$$\not\exists x \in X_f : x \prec x^* \tag{2-2}$$

条件时,解 $x^* \in X_f$ 是问题的一个 Pareto 最优解。准确地说,在可行解集合 X_f 中,如果不存在任何一个可行解 x 支配解 x^*,则解 x^* 称为 Pareto 最优解。

定义 4(Pareto 最优解集):针对一个多目标优化问题,Pareto 最优解集 S^* 可定义如下:

$$S^* = \{x^* \mid \nexists x \in X_f : x \prec x^*\} \quad (2\text{-}3)$$

定义 5(Pareto 前端):Pareto 最优解集 S^* 映射在目标空间的集合称为 Pareto 前端(Pareto front),用 PF^* 表示:

$$PF^* = f(S^*) = \{f_1(S^*), f_2(S^*), \cdots, f_m(S^*)\} \quad (2\text{-}4)$$

图 2-2 展示了 Pareto 最优解集 S^* 与其对应 Pareto 前端 PF^* 的关系。

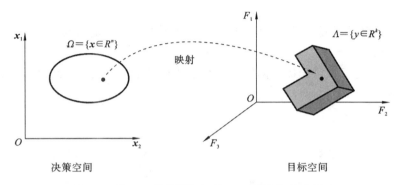

图 2-2 Pareto 最优解集与 Pareto 前端关系示意图

2.3 多目标进化算法的分类

进化算法(EA)是一种模拟自然进化过程的随机优化方法。它模拟由个体组成的群体的集体学习过程,其中每个个体表示给定问题搜索空间中的一点,从随机生成的初始种群出发,通过随机选择、变异和交叉过程,使群体进化到搜索空间中越来越好的解个体所在区域。多目标进化算法及其变种在实际多目标优化问题中得到成功的应用,下面对多目标进化算法进行介绍。

多目标进化算法以随机初始化种群为起点对种群进行演化操作,依据四个主要步骤逐渐地改善种群质量,使种群朝着最优解方向不断地逼近。这四个步骤操作如下[1]:

Step 1:配偶选择。基于个体在种群中的排序和秩的大小,选择出两个个体作为交配对象(父本)以便产生优秀的子代。尽管某些多目标进化算法中的父本数目可能超过两个,如 MOEA/D[2]的父本就是三个个体,但大多数多目标进化算法依然是通过选择策略选出两个个体来作为父本。这些选择策略以统计概率的方式选出优良的个体。

Step 2:繁殖。通过一些进化操作算子(如交叉和变异)来重组选择的交配个体。Sivanandam 和 Deepa[3]就相关的进化操作算子给出了一个较全面的总结。

Step 3:环境选择(精英策略)。产生子代后,需要采用新的选择机制从子代和父代种群中选出新的种群。环境选择就是从子代和父代中分别选出 λ 个和 μ 个个体,为此设计了两种不同的环境选择机制：$(\mu+\lambda)$-ES 和 (μ,λ)-ES[4]。在第一种机制中，从组成的种群(由 μ 个父本和 λ 个子代个体构成)中选择出最佳 μ 个个体。而在第二种机制中，仅从 λ 个子代中选出最佳 μ 个个体。$(\mu+\lambda)$-ES 机制采用了精英策略来确保较好的父本幸存于新种群中。

Step 4：如果不满足停止条件，则执行 Step 2。

随着研究的不断深入，多目标进化算法不断涌现。根据不同的要求，可以对多目标进化算法进行分类。本节基于不同的选择机制与决策方法对多目标进化算法进行分类[5]。

1. 按不同的选择机制分类

根据不同的选择机制，多目标进化算法可分为如下几类：聚集函数方法；指标选择方法；基于 Pareto 的方法；基于超体积的方法。图 2-3 展示了这些分类以及相关算法或方法。

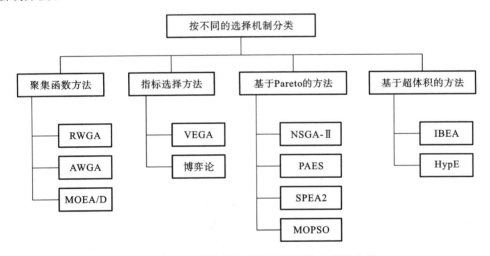

图 2-3 基于不同选择机制的多目标进化算法分类

1) 聚集函数方法

在求解多目标优化问题时，最简单的方法就是将全部的子目标函数组合或者聚集成一个单目标函数，从而将多目标优化问题转化为单目标优化问题。假设将一个多目标优化问题转化成一个单目标优化问题，其公式如下所示：

$$\min \sum_{i=1}^{m} w_i \times f_i(\boldsymbol{x}), \quad i=1,2,\cdots,m \tag{2-5}$$

式中：w_i 表示第 i 个子目标的权重，且 $\sum_{i=1}^{m} w_i=1$；$f_i(\boldsymbol{x})$ 表示第 i 个子目标函数；m 为多目标优化问题的目标函数总数。

该方法的运行机制就是运用聚集操作算子将 m 个目标函数整合成一个单目标函数。这种方法非常实用，但是需要获取足够多且有效的权重系数，而这是很困难的。Saaty[6]在1986年提出了一种层次分析方法,用于产生反映目标重要性的权重向量。层次分析方法通过非常简单的计算将数值置于因素及选择之前。同时,根据优化问题的一些特点,聚集函数运算往往会导致过早收敛。此外,这种权重分类方法包含了固定权重、自适应权重以及随机权重[7]。根据权重分类,基于聚集函数的多目标进化算法被相继提出。Ishibuchi和Murata[8]提出了一种随机权重遗传算法,在该算法中,分配给各子目标函数的权重会随着进化而发生随机变化。这种方法有助于算法朝着最优解的方向发展,但不能保证找到的Pareto前端是均匀分布的,尤其是在包含大量Pareto前端点的多目标优化问题上,很难找到分布均匀的Pareto前端。Gen和Cheng[9]提出了一种利用当前种群的变化信息来调整权重的方法,即自适应权重遗传算法(adaptive weight genetic algorithm,AWGA),这种自适应权重可协助算法的搜索方向朝着理想解不断地逼近。然而在非连续目标空间的多目标优化问题上,该算法却不能展示出良好的性能。最新出现的一种特殊的多目标进化算法是由Zhang和Li[2]开发的基于分解的多目标进化算法(MOEA/D)。该算法首先将随机权重向量分配给种群中的个体,每个个体都有一个邻居,该邻居是通过所分配的权重系数的最短欧氏距离来定义得到的。将每个个体的邻居视作为一个子问题,所有的子问题将独立地进行更新操作并产生子代。由于每个子问题中的个体仅与邻居中的个体进行比较,因此,这种分解式算法降低了每代的计算复杂度。但是邻居需要重新定义且权重也要不断变化。

2) 指标选择的方法

基于群体的方法主要依靠群智能的进化来实施更新搜索,向量评价遗传算法(VEGA)[10]是这类方法的典型代表。在每次迭代过程中,将种群划分为m个子种群,即每个子种群大小为N/m,其中N为种群规模,m为目标函数总数。每个子种群进行独立搜索,再将m个子种群合并为一个种群,并实施搜索操作。整个搜索过程就是不停地迭代各子群体和合并群体的搜索操作。VEGA的选择机制存在着一个较突出的问题:一个优良的折中解通常会顾及所有的子目标,但是对于VEGA来说,优良的折中解未必就是最优解,这样的解在VEGA的选择过程中会被淘汰掉,也就是说,VEGA在选择操作时,只考虑一个目标的同时通常会忽略其他目标。

3) 基于Pareto的方法

该方法的主要特征是在选择机制中考虑了Pareto占优的思想。NSGA-Ⅱ[11]是该类方法的典型代表,根据支配关系将种群划分为若干等级,第一等级表示当前群体的非支配解集合,第二等级表示在群体中去掉第一等级后所求得的非支配解集合,直到不能再划分出更多的等级为止。选择过程中会优先选择第一等级非支配解集中的个体,然后再考虑其他等级的个体,以此类推,直到满足新种群的大小要求。近几年来的研究主要集中在这类方法,其中具有代表性的包括NSGA-Ⅱ[11]、强度Pareto进化算法(strength Pareto evolutionary algorithm Ⅱ,SPEA2)[12]及Pareto存档进化策略(Pareto archived evolution strategy,PAES)[13]等。

4) 基于超体积(hypervolume,HV)的方法

HV 是一个衡量多目标优化问题解集质量的指标,它是指由解集与一组特定的点(参考点)在目标空间中围成的区域的体积(在二维空间中,该区域是一个面)。为了说明 HV 的计算过程,图 2-4 给出了一个含有 4 个解的二维目标空间超体积实例。超体积由这些解与一组特定的参考点围成的区域所构成。尽管解 A、B、C 均能产生这样的区域(由于解 B 支配解 D,所以解 D 不能产生这样的区域),但是相比其他解,解 B 能够产生更大区域的超体积。在以前,HV 作为一个很受欢迎的衡量指标,可测试算法的性能,由于每个解对超体积的贡献不一,因此 HV 也可以用来衡量解的优劣。Huband 等[14]提出了一种改进的 SPEA2 版本,该算法采用了基于环境选择的超体积来截断优化过程,因此,对超体积贡献大的个体将幸存下来,以保持外部文档的多样性。Zitzler 和 Künzli[15]提出了一种基于指标的进化算法(indicator-based evolutionary algorithm,IBEA),该算法采用一种二元超体积指标(binary hypervolume indicator)来比较解的优劣,并给每个解分配一个对应的适应度值。Bader 和 Zitzler[16]提出了一种基于超体积的多目标进化算法,称为 HypE。由于超体积的计算过程十分耗时,因此基于超体积的多目标进化算法的运行速度也十分缓慢[17]。

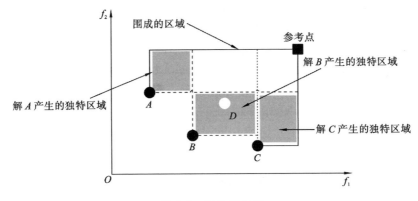

图 2-4 超体积实例

2. 按不同的决策方法分类

求解多目标优化问题可分为两个过程:第一个是优化过程,即寻找 Pareto 最优解的过程;第二个是选择解的过程,通常也被称为决策过程。在决策过程中,决策者要清晰地表达其对目标的偏好。根据决策方式的不同,多目标进化算法可分为如下三大类。

1) 先验方法(priori method)

这是一个先决定然后搜索的策略。决策者通常将多目标转化为一个标量函数。先验方法要求决策者有大量的先验知识来指导决策过程。此外,每一次目标的重要

性发生变化时,都有一个新的优化过程产生。先验方法主要包含词典法(lexicographic)、线性适应度组合(linear fitness combination)及非线性组合(non-linear combination)。词典法首先会根据指标优先级进行排序,然后对目标进行优化。线性适应度组合方法通过线性组合并给予各目标合适的权重值,将其转化成一个单目标问题。非线性组合方法又包含多适应度组合(multiplicative fitness combination)方法、目标向量适应度(target vector fitness)方法及极大极小适应度组合(minimax fitness combination)方法。先验方法的优点在于简单、易于操作及效率高;不足之处在于搜索空间有限,从而不能发掘出所有可能的解。

2) 后验方法(posteriori method)

这是一个基于搜索然后决定的策略。这种策略就是尽可能多地找到非支配解,并从中选择一个解。后验方法主要包含独立样本(independent sampling)、指标选择(criteria selection)、聚合选择(aggregation selection)和Pareto样本(Pareto sampling)等技术。独立样本技术利用单目标搜索方法实现多目标优化策略,每个子目标都有不同的权重值,每次执行操作时需要调整权重值。它的优点在于简单高效;不足之处是当目标维数较大时,运行的难度随之提高。指标选择技术的典型代表算法是VEGA,它是指将种群平均划分为目标数大小的子种群,同时对子目标赋予权重值,然后这些子种群进行独立搜索优化,最后合并直到满足终止条件。它的优点是简单、易于实现;缺点在于会失去某些Pareto解。聚合选择技术是一类线性或非线性组合方法,对选择的个体进行操作,每次运行均产生一组解。其不足之处在于由于引入了权重组合求解个体适应度,所以将会损失一些最优边界的解。Pareto样本技术是基于Pareto支配的一种方法。由于它一次运行能产生满意的非支配解,同时不需要提前为各子目标分配权重,因此它是当前多目标进化算法采用较多的一种决策技术。

3) 交互决策方法(progressive method)

它是先验方法与后验方法的交互过程,在此过程中既可采用先验决策方法,也可以采用后验决策技术。它的弱点在于难以选取决策偏好,且决策效率较低。

2.4 多目标进化算法的性能指标

2.4.1 性能指标

基于上述多目标优化问题概念,在介绍了常见的多目标进化算法之后,下面对多目标进化算法中常用的性能指标进行介绍,便于读者理解本书中利用各种指标对算法性能进行的分析。

多目标优化问题与单目标优化问题不同,多目标优化问题的结果不是单一的最优解,而是一组非支配解集。质量较好的非支配解集必须满足以下两个条件:

(1) 所获的非支配解尽量靠近Pareto最优解集;

(2) 所获的非支配解尽量沿着Pareto最优前端均匀地分布。

为了验证算法的性能,通常需要采用有效的指标来进行测试。目前,衡量多目标进化算法性能的常用指标有世代距离(generational distance,GD)、分布(spread)指标、反世代距离(inverted generational distance,IGD)以及超体积(hypervolume,HV)等。图2-5简单描述了性能指标的分类。

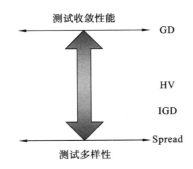

图 2-5 性能指标分类

由于单一指标仅仅用来验证算法的收敛性或多样性性能,因此它们需要配合起来使用以测试算法的整体有效性。接下来对这些代表性指标分别进行详细阐述。

1. 世代距离(GD)

在理想情况下,应使获得的Pareto前端尽可能地靠近真实Pareto前端。世代距离是用来衡量获得的Pareto前端到真实Pareto前端之间平均距离的性能指标,其计算公式如下:

$$\mathrm{GD} = \frac{\sqrt{\sum_{i=1}^{|\mathrm{PF}|} D_i^2}}{|\mathrm{PF}|} \quad (2\text{-}6)$$

式中:|PF|是所获Pareto前端(PF)元素点的数目;D_i为第i个Pareto前端点到Pareto最优前端中最近点之间的欧氏距离。

显然,GD表示获得解到最优Pareto解的收敛程度,GD值越小说明其收敛性能越好。为了消除不同目标量纲的影响,该指标结果采用了归一化处理技术进行处理。

2. 分布指标(Δ)

分布指标是由Deb[11]提出来的,它是测量所求Pareto前端分布均匀情况的指标,用Δ表示,表达式如下:

$$\Delta = \frac{\sum_{j=1}^{m} d_j^e + \sum_{i=1}^{|\mathrm{PF}|} |d_i - \bar{d}|}{\sum_{j=1}^{m} d_j^e + |\mathrm{PF}| \cdot \bar{d}} \tag{2-7}$$

式中：d_i 为所得 PF 上的点 i 与其附近的点之间的最短欧氏距离；$\bar{d}$ 为欧氏距离的平均值；d_j^e 是获得的 PF 点与 PF^* 边界点的最短欧氏距离；$|\mathrm{PF}|$ 为构成所获 PF 点的总数。

当该指标值为 0 时，优化问题的解展现出均匀分布特性。图 2-6 展示了获得的 PF 分布图。该指标的优点在于计算简单，不需要知道 PF^* 最优解，只需要知道最优 Pareto 边界点即可；缺点是该性能指标不适用于求解非连续、分布不均匀的优化问题。因此，采用该性能指标时，需要提前了解优化问题的 Pareto 前端的分布情况，并建议与其他指标搭配起来使用[18]。

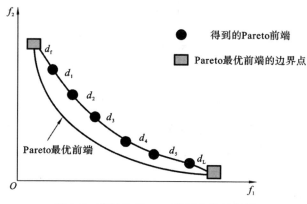

图 2-6　获得的 Pareto 前端分布示意图

3. 反世代距离(IGD)

IGD 是 GD 指标的一个变种，是一个综合性能指标。它计算的是 Pareto 最优前端上的点到获得的 Pareto 前端点之间的平均欧氏距离。IGD 的计算公式可表示为

$$\mathrm{IGD} = \frac{\sum_{x \in \mathrm{PF}^*} d(\boldsymbol{x}, \mathrm{PF})}{|\mathrm{PF}^*|} \tag{2-8}$$

式中：$|\mathrm{PF}^*|$ 为 Pareto 最优前端点的数目；$d(\boldsymbol{x}, \mathrm{PF})$ 表示 Pareto 最优前端中的点 $\boldsymbol{x}$ 到获得的 Pareto 前端中最近点的距离。

值得注意的是，很多问题的 Pareto 最优前端是未知的，一般将所有算法在问题上运行多次所获得全部解中的非支配解作为当前问题的 Pareto 最优前端(参考点)。为了消除不同量纲的影响，该指标结果采用了归一化处理技术进行处理。

4. 超体积(HV)

HV 是衡量获得的 Pareto 前端在目标区域所围成的体积的指标，其表达式如下：

$$\mathrm{HV} = \mathrm{volume}\left(\bigcup_{i=1}^{|Q|} v_i\right) \tag{2-9}$$

式中:Q 为构成 PF 集合点的总数。对于 PF 中的点 i,v_i 是由点 i 和参考点 $W=(0,\cdots,0)$ 所构成的超体积。

该指标值越大,说明所得的 PF 越能在 PF^* 上宽广地分布。Pareto 前端构成的超体积如图 2-7 所示。

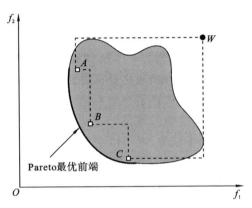

图 2-7 Pareto 前端构成的超体积

若 PF^* 是非凸的,则该指标在衡量算法性能时会存在一定程度的缺陷。如多目标优化问题的参考点假设为 $W=(0,\cdots,0)$,这在某些问题上是不可行的[19]。

2.4.2 可视化方法

多目标进化算法运行后对结果进行统计,形成可视化的图形形式,这种方法可以很好地表述问题的特征,并能够引人注意。分析各种多目标算法优劣的最有效、最直观的方法之一就是将得到的 Pareto 前端与 Pareto 最优前端以图形的形式展现给大家。同时它也能较好地反映出 Pareto 最优前端的许多函数几何特征信息。对多目标进化算法运行的结果进行可视化分析和比较的优点是所有数据可以通过眼睛直接观察,研究者通过观察 Pareto 最优前端的可视化结果可以容易地理解其结构,所以这是一种有效的评价度量方法。

对多目标进化算法运行结果的可视化度量方法可以为大家提供一种容易评价的指标,因而建议广泛采用这种度量方法,当然,配合采用其他的度量指标进行分析对比也是有必要的。但是当目标空间的维数超过 3 时,其结果就无法用可视化的方法表示在一个图形下。因为目前画图软件只能画出三维空间的图形,无法展示超过三维的图形。

衡量算法性能的指标很多,在这里不过多阐述。值得注意的是,GD(收敛性能)、Spread(分布性能)及 IGD(综合性能)指标计算简洁,因此本书将这些指标作为评价算法性能的主要指标。

2.5 本章小结

在工程优化当中,许多问题是多目标优化问题。这类问题的求解不是要求获得一个最优解,而是要获得对于各个目标都具有接受价值的一组解集,并且解集中的解既要具有高精度又要具有良好的分布均匀性。因此,求解多目标优化问题对算法的多样性和收敛性提出了较高的要求。

本章首先给出了多目标优化问题的一些基本的概念和理论,描述了多目标优化问题的轮廓,然后依据不同的分类标准对多目标进化算法进行了介绍,为读者理解多目标进化算法奠定基础。接下来,叙述了多目标进化算法评价中常用的几个性能指标,为后续分析多目标进化算法性能做准备。总之,通过本章的介绍,读者对多目标优化问题以及求解算法会有一个完整、系统的了解。

本章参考文献

[1] CHESHMEHGAZ H R, HARON H, SHARIFI A. The review of multiple evolutionary searches and multi-objective evolutionary algorithms[J]. Artificial Intelligence Review, 2015, 43(3):311-343.

[2] ZHANG Q F, LI H. MOEA/D: A multiobjective evolutionary algorithm based on decomposition[J] IEEE Transactions on Evolutionary Computation, 2007, 11(6):712-731.

[3] SIVANANDAM S N, DEEPA S N. Introduction to genetic algorithms[M]. Berlin Heidelberg: Springer, 2008.

[4] ENGELBRECHT A P. Computational intelligence: An introduction[M]. New Jersey: John Wiley & Sons, 2007.

[5] 郑金华. 多目标进化算法及其应用[M]. 北京: 科学出版社, 2007.

[6] SAATY T L. Axiomatic foundation of the analytic hierarchy process[J]. Management Science, 1986, 32(7):841-855.

[7] GEN M, CHENG R W, LIN L. Network models and optimization[M]. London: Springer, 2008.

[8] ISHIBUCHI H, MURATA T. A multi-objective genetic local search algorithm and its application to flowshop scheduling[J]. IEEE Transactions on Systems, Man, and Cybernetics, Part C (Applications and Reviews), 1998, 28(3):392-403.

[9] GEN M, CHENG R W. Genetic algorithm and engineering optimization[M]. New York:John Wily & Sons,1999.

[10] SCHAFFER J D. Multiple objective optimization with vector evaluated genetic algorithms[C]//First International Conference on Genetic Algorithms & Their Applications. New Jersey:Lawrence Erlbaum Associates. Inc.,1985.

[11] DEB K, PRATAP A, AGARWAL S, et al. A fast and elitist multiobjective genetic algorithm:NSGA-II[J]. IEEE Transactions on Evolutionary Computation,2002,6(2):182-197.

[12] ZITZLER E, LAUMANNS M, THIELE L. SPEA2:Improving the strength pareto evolutionary algorithm[J]. Technical Report Gloriastrasse,2001.

[13] KNOWLES J D, CORNE D. The Pareto archived evolution strategy:A new baseline algorithm for Pareto multiobjective optimization[C]//1999 Congress on Evolutionary Computation(CEC99). 1999:98-105.

[14] HUBAND S, HINGSTON P. An evolution strategy with probabilistic mutation for multi-objective optimisation[C]//The 2003 Congress on Evolutionary Computation. 2003:2284-2291.

[15] ZITZLER E, KÜNZLI S. Indicator-based selection in multiobjective search[C]//8th International Conference on Parallel Problem Solving from Nature. 2004:832-842.

[16] BADER J, ZITZLER E. HypE:An algorithm for fast hypervolume-based many-objective optimization[J]. Evolutionary computation,2011,19(1):45-76.

[17] FRIEDRICH T, HOROBA C, NEUMANN F. Multiplicative approximations and the hypervolume indicator[C]//The 11th Annual Conference on Genetic and Evolutionary Computation. 2009:571-578.

[18] 张屹,卢超,张虎,等. 基于差分元胞多目标遗传算法的车间布局优化[J]. 计算机集成制造系统,2013(4):727-734.

[19] 卢超. 多目标元胞遗传算法的改进研究及其在工程优化中的应用[D]. 宜昌:三峡大学,2013.

第3章 加工时间可控的多目标单机调度问题研究

3.1 引 言

加工时间可控的单机调度问题研究的是 n 个工件在单台机器上的加工操作,各工件在单台机器上只加工一次,工件加工时间可通过附加的可用资源分配来控制(压缩),其目标是找出一组合理的工件排序及资源分配使某个或某些调度指标达到最优。本章围绕加工时间可控的单机调度问题展开了深入研究,首先阐述了加工时间可控的单机调度问题,并建立了相关的数学调度模型,然后提出了同时最小化完工时间和额外资源消耗的调度优化算法,最后验证了算法求解该类问题的有效性。

3.2 问题描述与模型建立

本章研究的调度问题可描述为:n 个独立的工件在单台机器上零时刻均可用,机器在每一时刻最多只能加工一个工件。一旦工件开始被加工,加工操作不许中断。每个工件均有一个正常的离散加工时间,工件的加工时间可通过分配额外的可用资源而被压缩,但会产生额外的压缩成本。在正常加工时间下,工件加工不会产生额外的附加成本。

为了构建加工时间可控的单机调度问题数学模型,本章所使用的符号与决策变量如下。

1. 符号

n:工件总数。

j,k:工件索引号。

J_j:工件 j。

$J_{[i]}$:序列中第 i 个位置上的工件。

π:工件的加工排序,即 $\pi = [J_{[1]}, J_{[2]}, \cdots, J_{[n]}]$。

p_j:工件 j 的正常加工时间。

p_j^c:工件 j 的最小允许加工时间。

m_j:工件 j 的最大允许压缩量,$m_j = p_j - p_j^c$。

p_j^a:工件 j 的实际加工时间。
c_j:工件 j 的单位压缩成本。
d_j:工件 j 的交货期。
T_j:工件 j 的延迟时间。
S_j:工件 j 的开始时间。
M:一个无穷大正数。

2. 决策变量

x_j:工件 j 的加工时间压缩量(离散变量)。

$y_{jk} = \begin{cases} 1, & \text{如果} J_j \text{优先于} J_k \text{加工} \\ 0, & \text{否则} \end{cases}$。

本章研究的问题是传统单机调度问题的一个扩展形式,它可被定义成一个多目标数学模型,该数学模型表示如下:

$$\min f_1 = \sum_{j=1}^{n} T_j \tag{3-1}$$

$$\min f_2 = \sum_{j=1}^{n} (c_j \cdot x_j) \tag{3-2}$$

约束条件:

$$M \cdot y_{jk} + S_j - (p_k - x_k) \geqslant S_k; \quad j,k=1,2,\cdots,n, j<k \tag{3-3}$$

$$M \cdot (1 - y_{jk}) + S_k - (p_j - x_j) \geqslant S_j; \quad j,k=1,2,\cdots,n, j<k \tag{3-4}$$

$$S_j + p_j - x_j - d_j \leqslant T_j; \quad j=1,2,\cdots,n \tag{3-5}$$

$$m_j \geqslant x_j; \quad j=1,2,\cdots,n \tag{3-6}$$

$$T_j \geqslant 0, x_j \geqslant 0, S_j \geqslant 0, y_{jk} = \{0,1\}, j,k=1,2,\cdots,n, j<k \tag{3-7}$$

公式(3-1)和公式(3-2)共同定义了该问题的目标是最小化总延迟时间和总压缩成本;公式(3-3)和公式(3-4)确定了工件之间的优先级关系,并定义了一个工件在任何时刻都可被加工;公式(3-5)确保了工件序列中每一个工件延迟时间的约束条件;公式(3-6)限制了所有工件的加工时间压缩量;公式(3-7)限制了变量的非负性。相比其他类型的车间调度问题,该调度问题虽然很简单,但却是一个 NP 难问题[1]。因此,该问题仍然具有探索和研究的意义。

3.3 基于混合 GA-GWO 求解加工时间可控的单机调度问题

3.3.1 GA 和 GWO 算法简介

1. GA(遗传算法)

GA 是由美国密西根大学 J. Holland 教授于 20 世纪 90 年代提出来的一种模拟

生物进化规律而发展起来的优化方法[2]。GA 的主要特点有：较强的隐并行性和全局搜索能力；基于概率化的寻优机制；能自动保留较优解并指导优化的搜索方向，不需要依赖问题的数学特征规则。基于这些优点，GA 已被广泛应用于车间调度、图像处理、交通运输、信号处理、金融以及人工智能等领域。

GA 有五大核心要素，分别为：编码和解码、种群初始化、适应度函数、遗传算子（包括复制或选择、交叉、变异等），以及遗传参数（种群规模、遗传算子的概率等）设置[3]。GA 流程图通常如图 3-1 所示，具体操作步骤如下。

Step 1：生成初始化种群 $P(0)$；

Step 2：计算种群中每个个体的适应度值；

Step 3：判断是否满足迭代停止条件，如满足则输出当前最优结果；否则转到 Step 4；

Step 4：种群更新操作，即对种群进行复制（或选择）、交叉及变异等操作，以产生新一代种群 $P(\text{gen})$，gen＝gen＋1，转到 Step 2。

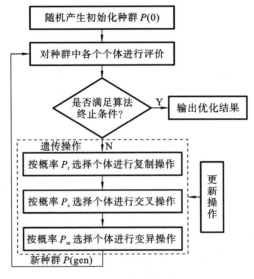

图 3-1　GA 流程图

2. GWO 算法（灰狼优化算法）

GWO 算法是由澳大利亚格里菲斯大学学者 Mirjalili 等人于 2014 年提出来的一种群智能优化算法[4]。他们受到灰狼捕食猎物活动的启发而开发了这种优化搜索方法，它具有较强的收敛性能，还具有参数少、易实现等特点，近年来受到了学者的广泛关注，已被成功地应用到了车间调度[5,6]、参数优化[7]、图像分类[8]等领域中。灰狼隶属于群居生活的犬科动物，且处于食物链的顶层。灰狼严格遵守着一个社会支配等级关系，如图 3-2 所示。狼群中的头狼记为 α，α 狼主要负责对捕食、栖息、作息等活动做出决策。由于其他的狼需要服从 α 狼的命令，所以 α 狼也被称为支配狼。有趣的是,α狼不一定是狼群中最强的狼,但就管理能力来说,α狼一定是最优秀的。处于社会等级第二层的是β狼,它服从于α狼,并协助α狼做出决策。在α狼去世或衰老后,β狼将成为α狼的最佳候选者。虽然β狼服从α狼,但β狼可支配其他社会层级上的狼。处于社会等级第三层的是δ狼,它服从α狼、β狼,同时支配剩余层级的狼。δ狼一般由幼狼、哨兵狼、狩猎狼、老年狼及护理狼组成。处于最底层的狼被称为ω狼,它们通常需要服从其他社会层级上的狼。虽然看上去ω狼在狼群中的作用不大,但是如果没有ω狼的存在,狼群会出现内部问题,如自相残杀。GWO算法的优化过程包含了灰狼的社会等级分层、跟踪、包围和攻击猎物等,其具体步骤如下。

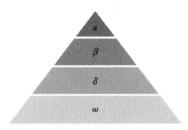

图 3-2 灰狼社会分层等级(从上到下支配能力依次递减)

1) 社会等级分层(social hierarchy)

当设计GWO算法时,首先需构建灰狼社会等级层次模型。计算种群每个个体的适应度,将狼群中适应度最好的三匹灰狼依次标记为α、β、δ,而剩下的灰狼标记为ω。也就是说,灰狼群体中的社会等级从高往低排列依次为:α、β、δ及ω。GWO算法的优化过程主要由每代种群中最好的三个解(即α、β、δ)来指导完成。

2) 包围猎物(encircling prey)

灰狼搜索猎物时会逐渐地接近猎物并包围它,该行为的数学模型如下:

$$D = C \circ X_p(t) - X(t) \tag{3-8}$$

$$X(t+1) = X_p(t) - A \circ D \tag{3-9}$$

$$A = 2a \circ r_1 - a \tag{3-10}$$

$$C = 2r_2 \tag{3-11}$$

式中:t 为当前迭代次数;$\circ$ 表示 Hadamard(阿达马)乘积操作;A 和 C 是协同系数向量;X_p 表示猎物的位置向量;$X(t)$ 表示当前灰狼的位置向量;r_1 和 r_2 是$[0,1]$中的随机向量;D 表示灰狼与猎物之间的位置向量;a 表示在整个迭代过程中$[2,0]$上的线性下降向量。

3) 狩猎(hunting)

灰狼具有识别潜在猎物位置(猎物位置对应最优解)的能力,搜索过程主要靠α、β、δ灰狼的指引来完成。但是很多问题的解空间特征是未知的,灰狼无法确定猎物的精确位置(最优解)。为了模拟灰狼(候选解)的搜索行为,假设α、β及δ具有较强的识别潜在猎物位置的能力,因此,在每次迭代过程中,保留当前种群中适应度最好的三匹灰狼（α、β、δ），然后根据它们的位置信息来更新其他搜索代理（包括ω）的位置。该行为的数学模型可表示如下：

$$D_\alpha = C_1 \circ X_\alpha - X, \quad D_\beta = C_2 \circ X_\beta - X, \quad D_\delta = C_3 \circ X_\delta - X \qquad (3\text{-}12)$$

$$X_1 = X_\alpha - A_1 \circ D_\alpha, \quad X_2 = X_\beta - A_2 \circ D_\beta, \quad X_3 = X_\delta - A_3 \circ D_\delta \qquad (3\text{-}13)$$

$$X(t+1) = \frac{X_1 + X_2 + X_3}{3} \qquad (3\text{-}14)$$

式中：X_α、X_β、X_δ 分别表示当前种群中 α、β、δ 的位置向量；X 表示当前灰狼的位置向量；D_α、D_β、D_δ 分别表示当前候选灰狼与最优三匹狼之间的距离。当 $|A|>1$ 时，灰狼尽量分散在各区域并搜寻猎物。当 $|A|<1$ 时，灰狼将集中搜索某个或某些区域的猎物。

为了说明其搜索过程，图 3-3 展示了在二维搜索空间中一个候选解（灰狼）是如何在 α、β、δ 的引导下逐渐地向猎物靠近的过程。从图 3-3 中可看出，候选解的位置最终落在被 α、β、δ 定义的随机圆位置内。总的来说，α、β、δ 需首先预测出猎物的大致位置（潜在最优解），然后其他候选狼在当前最优三匹灰狼的指引下在猎物附近随机地更新它们的位置。

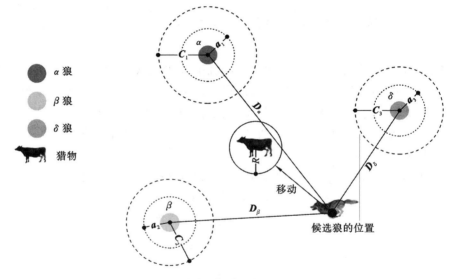

图 3-3　灰狼更新位置

4）攻击猎物（attacking prey）

构建攻击猎物模型的过程中，根据公式（3-10），a 值的减小会引起 A 的值也随之波动。换句话说，A 是一个在区间 $[-2a, 2a]$ 上的随机向量，其中 a 在迭代过程中呈线性下降。当 A 在 $[-1, 1]$ 区间上时，则搜索代理（search agent）的下一时刻位置可以在当前灰狼与猎物之间的任何位置上。

5）寻找猎物（search for prey）

灰狼主要依赖 α、β、δ 的信息来寻找猎物。它们开始分散地去搜索猎物位置信息，然后集中起来攻击猎物。对于分散模型的建立，通过 $|A|>1$ 使其搜索代理远离

猎物,这种搜索方式使GWO算法能进行全局搜索。GWO算法中的另一个搜索系数是C。从公式(3-11)可知,C是由区间$[0,2]$上的随机值构成的向量。这有助于GWO算法在优化过程中展示出随机搜索行为,以避免算法陷入局部最优解。值得注意的是,C并不是线性下降的,C在迭代过程中是随机值,该系数有利于算法跳出局部,特别是在算法迭代的后期显得尤为重要。

3.3.2 MODGWO算法

原始GWO算法主要用于求解单目标连续优化问题,而本章研究的问题是一个多目标离散优化问题,同时也是一个NP难问题。基于传统的梯度数学方法难以在可接受的计算时间内求出大规模调度问题的有效解,而元启发式算法(metaheuristics)在有限时间内可找到近似最优解,甚至最优解。因此,本章的主要工作是设计一种基于GA与GWO算法的混合多目标进化算法,记为MODGWO,来求解加工时间可控的单机调度问题(single-machine scheduling problem with controllable processing times, SSPCPT)。图3-4展示了该混合多目标进化算法MODGWO的基本流程。

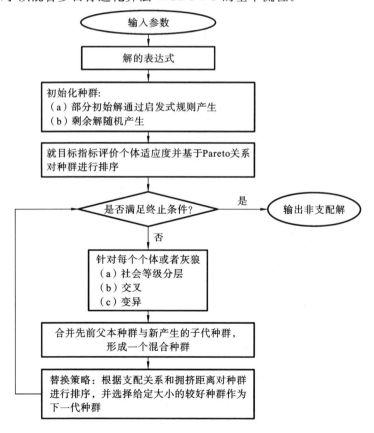

图 3-4　MODGWO算法流程图

MODGWO算法的主要步骤如下。

Step 1：种群初始化。根据编码机制和种群初始化策略，产生初始狼群（种群）。基于最大完工时间和额外资源消耗指标来评价这些狼群个体，并采用快速非支配排序方法(fast non-dominated sorting method)对狼群个体进行分层排序。

Step 2：更新操作。

 Step 2.1：社会等级分层。根据 Pareto 支配关系，种群可被划分为多个非支配水平。如果种群存在三个以上的非支配水平层，可将位于第一层非支配水平的解称为 α，处于第二层非支配水平的解称为 β，处于第三层非支配水平的解称为 δ。

 Step 2.2：位置更新操作。根据问题的特点，采用 GA 中的交叉、变异操作算子来更新种群。

Step 3：成本降低策略。多目标优化问题与单目标优化问题不同，在多目标优化问题中，一个目标的改善将会导致另外一个目标的恶化。因此，需要采用特殊的方法来提升整体的性能。虽然可控加工时间的引入增加了问题求解的难度，但加工时间的可控属性为获取问题的高质量解也带来了灵活性，从而为提升生产系统的整体性能提供了便利。因此，本书利用了该属性来加强探索寻优机制。因为开采寻优机制通常发生在搜索的后期，所以当函数评价次数达到一定值时，就实施该搜索机制。

Step 4：精英保留策略。种群规模为 N 的父本种群 P_t 和相同规模的子代种群 Q_t 合并为一个大小为 $2N$ 的种群 R_t。然后评价该合并的种群，并根据非支配排序和拥挤距离选择出较好的前 N 个最佳个体作为下一代的父本。具体操作过程如图 3-5 所示。

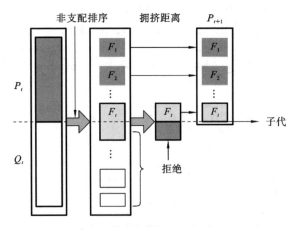

图 3-5 基于非支配排序和拥挤距离的更新操作

Step 5：终止。如果算法满足停止条件，则停止搜索并返回非支配解；否则继续搜索。

3.3.2.1 编码与解码

求解调度问题的首要问题在于编码和解码。与传统调度问题中加工时间是固定的不同,SSPCPT 中加工时间是可控的。它需同时处理工件排序和工件加工时间压缩量两个子任务。因此,本小节提出一种新的离散编码机制以适应问题的特征。该编码机制包含了两层信息:第一层表示工件排序,记作 π;第二层表示工件加工时间压缩量,记作 x。尽管 Nearchou[9]针对该问题也提出了一种双层编码机制,但是他采用的编码方式实际上是一种基于随机键的编码方式,这种编码方式会导致信息的冗余。而本小节提出的编码方式可有效地避免信息冗余。

为了详细地解释本小节提出的编码方式,图 3-6 给出了一个规模为 5 工件的单机编码与解码实例。这个解包含了两层信息:第一层是工件排序,即 $\pi=(2,1,4,3,5)$;第二层是工件加工时间压缩量,即 $x=(1,2,1,3,0)$。这两层存在着对应的映射关系,每个工件都有一个对应的加工时间压缩量。将工位 $\pi(i)$ 位置上的工件记为 J_k,它对应的加工时间压缩量为 x_k。例如,在排序中的第一个工位 $\pi(1)$ 对应的是工

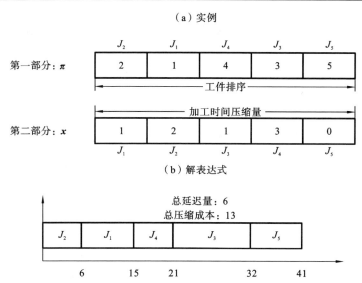

图 3-6 编码与解码实例

件J_2，工件J_2的加工时间压缩量$x_2=2$。同理，在序列中的第二个工位$\pi(2)$对应的是工件J_1，该工件的加工时间压缩量为$x_1=1$。因此，对于该工件排序$\pi=(2,1,4,3,5)$，其对应的压缩时间向量为$(2,1,3,1,0)$。采用这种编码方法容易产生可行解。此外，该编码机制具有以下两个优点：

(1) 编码结构简单，它包含了两层信息，即工件排序和工件加工时间压缩量。

(2) 相比随机键编码方式，采用离散编码机制通常可有效地减少信息冗余。

3.3.2.2 种群初始化

正如前文所述，每个解均由一个工件排序向量和一个压缩时间向量构成。为了确保解的质量和多样性，其中一个解的工件排序是基于交货期的非降序排列。准确地说，该解具有以下特征属性：如果工件l和工件m满足$p_l<p_m$且$d_l<d_m (l,m=1,2,\cdots,n)$，则存在着一个最优加工排列，使工件$l$优先于工件$m$加工。种群中另一个解的加工时间为正常加工时间，即加工时间压缩量为零。剩余种群随机产生，其表达式如下：

$$P_{i,j}=\begin{pmatrix}\pi(i,1),\pi(i,2),\cdots,\pi(i,n)\\ x(i,1),x(i,2),\cdots,x(i,n)\end{pmatrix} \quad (3\text{-}15)$$

式中：$\pi(i,n)$表示第i个解上的第n个位置上的工件；$x(i,n)$表示第i个解上的第n个工件的加工时间压缩量。

产生初始化种群P，同时构造一个临时集合P'。迭代搜索开始时，先将第一个个体放入集合P'中，再依次将集合P中的个体放入构造集合P'中。然后将当前解p依次与集合P'中每个元素进行比较，淘汰掉P'中被p支配的个体（解），如果P'中任意一个个体都支配p，则从P'中将p淘汰。构造非支配解集的伪代码如下所示。

```
P※= find nondominated front
P※= {1}                                将第一个个体放 P'中
for each p⊙P⑨p⊖P※                      遍历种群中的个体
    P※(2){p}                           将个体 p 放入 p'中（临时）
    for each p⊙P※⑨q(13)q               比较 p 与 P'中其他个体 q 之间的支配关系
        If p≺q,then P※= P※\{q}         若 p 支配 q，则删除 q
        else if q≺p,then P※= P※\{q}    若 q 支配 p，则删除 p
        end if
    end for
end for
```

执行以上算法时，集合P中的第二个个体只需比较一次，P中的第三个个体最多需要两次比较操作，以此类推，P中的第N个个体最多需要比较$N-1$次。在最坏的情况下，比较操作的总次数为$N^2/2$。此外，考虑到每次比较时有m个目标，所以该方法的时间复杂度为$O(mN^2)$。

3.3.2.3 社会等级分层

GWO算法的核心思想是通过当前种群中的三个最佳个体来引导其他个体向潜在的最优解方向进行搜索。但是,由于多目标优化问题中各子目标内在的相互冲突特点,其解通常不是一个解而是一个被称为非支配解的折中解集合。也就是说,对于一个折中解,一个目标性能的改善可能会导致其他目标性能的恶化。因此,结合多目标优化问题的特点,每个个体都被分配一个秩(即非支配水平)。根据Pareto支配关系,种群可以被划分为多个秩层,位于第一层秩的个体被记为α。如果存在第二、第三层秩,位于第二、第三层秩的个体分别被记为β和δ,而剩下的个体被记为ω。在本章中,最佳三个个体来自以下三个假设:

(1) 如果当前种群都处在非支配层,即第一层秩上,则从种群中随机选择三个个体作为α、β和δ;

(2) 如果当前种群仅有两层秩,则α来源于第一层秩内的个体,β和δ来自第二层秩中的个体;

(3) 如果当前种群存在三层或三层以上的秩,则α、β、δ分别来源于第一、第二及第三层秩内的个体。

3.3.2.4 更新操作

显然,GWO算法的操作算子不能直接应用在SSPCPT上。为了克服该问题,采用传统的交叉和变异算子进行操作。交叉算子可以探索解空间的未知区域。对于解的第一层(即π),使用部分匹配交叉算子(partly mapped crossover,PMX[10])来更新工件排序部分;对于解的第二层,采用双点交叉算子来对加工时间压缩量部分进行更新。具体的交叉步骤如下。

1) 对于解的第一层(见图3-7)

Step 1:选择子串。生成两个点,并定义这两点之间的区域为匹配区域。

Step 2:交换子串。将父本上的匹配区域进行交换,以便生成临时子代。

Step 3:映射关系。确定相互矛盾元素的映射关系,也就是某个工件在序列中出现了多次的元素,定义交叉部分序列的映射关系。

Step 4:合法化子代。通过映射关系的信息使工件序列部分合法化。

2) 对于解的第二层(见图3-8)

Step 1:选择子串。随机生成两个点,并定义两点之间的区域为交叉区域。

Step 2:交换子串。交换父本上的匹配区域来产生子代。

变异算子有助于算法跳出局部最优解。在此采用两种变异算子,它们均以0.5的概率被选中进行操作。第一种变异算子是交换变异,其只能作用在工件排序部分。

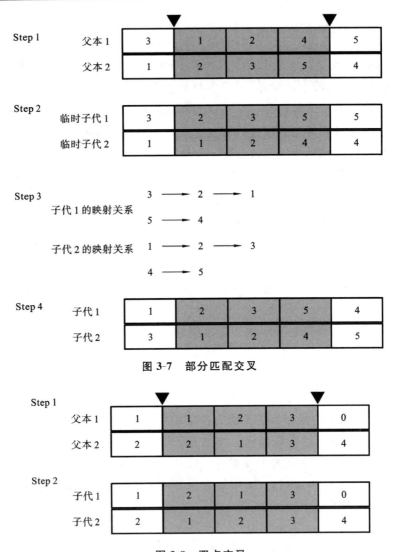

图 3-7 部分匹配交叉

图 3-8 双点交叉

第二种变异算子只能应用在解的第二层,其可调节加工时间压缩量。图 3-9 展示了这两种变异算子。图 3-9(a)给出了第一种变异技术的操作过程,开始的工件序列 $\pi=(2,1,4,3,5)$。若随机选择的两个交叉点(即第 2 位置和第 4 位置上的点),交换对应的工件 1 和工件 3,则交换后的工件排序变为 $\pi=(2,3,4,1,5)$。图 3-9(b)展示了第二种变异技术的操作过程。首先随机选择两个交叉的点(如第 2 位置和第 4 位置上的点),然后随机产生可行整数来替换原始的值。例如,在工序排列的第 2 位置上的工件 2 的加工时间压缩量被替换成了一个新值 1。而处于第 4 位置的工件 4 对应的加工时间压缩量更新为数值 2。这些值都是在其各自范围内变化的,因此,更新后的子代仍然是可行的。

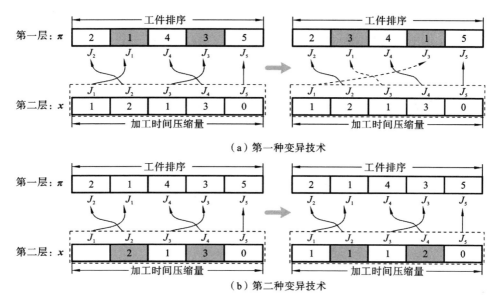

图 3-9 两种变异算子

3.3.2.5 成本降低策略

通常,元启发式算法与局部搜索方法相结合可提高算法的性能[11]。在本章中,虽然没有将局部搜索策略引入改进的算法中,但是却提出了一种释放成本的策略来改善解的质量。这种策略在不改变工件加工序列的情况下,可以减少总压缩成本且保持总延迟时间不变。根据问题的特点,通过调整工件的加工时间压缩量,总压缩成本可在不影响总延迟时间的情况下进一步减少。因此,对于一个给定的工件序列,这种策略在一定程度上可以改善解的质量,而且计算复杂度为 $O(n)$。本章提出的成本降低策略的步骤如下。

Step 1:$i=n$;$S_C=\varnothing$;$S_{E(j)}=\varnothing$,$\forall j=1,2,\cdots,n$($\varnothing$ 是空集)。S_C 是释放成本集合,$S_{E(i)}$ 是紧接中工件 $\pi(i)$ 的提前集合。

Step 2:计算 $C_{\pi(i)}-d_{\pi(i)}$。如果 $C_{\pi(i)}-d_{\pi(i)} \geqslant 0$,则执行 Step 4;否则转向 Step 3。

Step 3:当 $C_{\pi(i)}-d_{\pi(i)}<0$ 时,执行下面的循环步骤直到满足 $C_{\pi(i)}-d_{\pi(i)} \geqslant 0$ 或者 $i<1$ 为止。

Step 3.1:计算工件 $\pi(i)$ 的完工提前时间,即 $E_{\pi(i)}=|C_{\pi(i)}-d_{\pi(i)}|$,并更新集合 $S_{E(i)}=\bigcup_{j=i}^{n} S_{E(j)} \cup \{E_{\pi(i)}\}$。

Step 3.2:获取当前集合中最小完工提前时间元素 $mE_{\pi(i)}=\min S_{E(i)}$,并计算释放成本 $\text{Cost}_{\pi(i)}=c_{\pi(i)} \times \min\{mE_{\pi(i)},x_{\pi(i)}\}$,然后将值 $\text{Cost}_{\pi(i)}$ 放入集合 S_C 中,$i=i-1$。

Step 4：如果 S_C 不是一个空集，找出集合 S_C 中的最大元素 Cost，且对应的工件记为 $J_{\pi(k)}$。同时更新该工件的加工时间压缩量 $x_{\pi(k)} = x_{\pi(k)} - \min\{mE_{\pi(k)}, x_{\pi(k)}\}$ 和工件 $\pi(k)$ 后面工件的完工时间。

为了进一步解释这个策略，以下采用了一个实例来进行说明。实例 1 考虑了一个 5 工件的单机调度问题，如表 3-1 所示。图 3-10 展示了工件工序为 $\pi = (2, 3, 4, 1, 5)$ 且压缩时间向量为 $x = (4, 1, 1, 1, 0)$ 的甘特图。该解对应的目标函数值分别是总延迟时间为 2 和总压缩成本为 2.6。

表 3-1 实例 1 的数据

π	$2(J_2)$	$3(J_3)$	$4(J_4)$	$1(J_1)$	$5(J_5)$
$p_{\pi(i)}$	5	5	8	7	7
$x_{\pi(i)}$	1	1	1	4	0
$p^a_{\pi(i)}$	4	4	7	3	7
$d_{\pi(i)}$	5	10	13	20	26
$C_{\pi(i)}$	4	8	15	18	25
$c_{\pi(i)}$	0.2	0.3	0.1	0.5	0.4

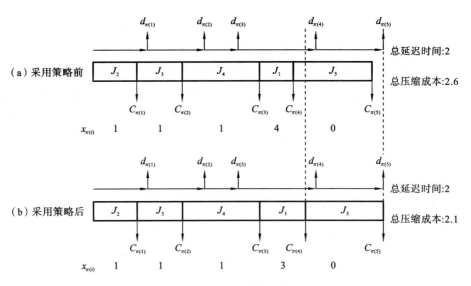

图 3-10 实例 1 对应的甘特图

若执行以下策略，可有效降低目标函数值。

Step 1：$i = 5; S_C = \varnothing; S_{E(j)} = \varnothing, \forall j = 1, 2, \cdots, 5$。

Step 2：计算 $C_{\pi(5)} - d_{\pi(5)} = 25 - 26 = -1 < 0$，并执行 Step 3。

Step 3：执行以下操作。

Step 3.1:计算完工提前时间 $E_{\pi(5)} = |C_{\pi(5)} - d_{\pi(5)}| = 1$ 且 $S_{E(5)} = \{1\}$。

Step 3.2:找出最小的工件完工提前时间 $mE_{\pi(5)} = \min S_{E(5)} = 1$;计算该工件的释放成本 $\text{Cost}_{\pi(5)} = c_{\pi(5)} \cdot \min\{mE_{\pi(5)}, x_{\pi(5)}\} = 0.4 \times 0 = 0$;将 $\text{Cost}_{\pi(i)}$ 添加到集合 $S_C = \{0\}$;$i = i - 1$。

Step 4:计算 $C_{\pi(4)} - d_{\pi(4)} = -2 < 0$,并执行 Step 5。

Step 5:执行以下操作。

Step 5.1:$E_{\pi(4)} = |C_{\pi(4)} - d_{\pi(4)}| = 2$ 和 $S_{E(4)} = S_{E(5)} \cup \{E_{\pi(4)}\} = \{1, 2\}$。

Step 5.2:找出最小的工件完工提前时间 $mE_{\pi(4)} = \min S_{E(4)} = 1$;计算该工件的释放成本 $\text{Cost}_{\pi(4)} = c_{\pi(4)} \cdot \min\{1, 4\} = 0.5 \times 1 = 0.5$;$i = i - 1$;$S_C = \{0, 0.5\}$。

Step 6:计算 $C_{\pi(3)} - d_{\pi(3)} = 2 > 0$,并执行 Step 7。

Step 7:从集合 S_C 中选择成本最大的工件,也就是工件 $\pi(4)$。$x_{\pi(4)} = x_{\pi(4)} - \min\{mE_{\pi(4)}, x_{\pi(4)}\} = 4 - \min\{1, 4\} = 3$。对应的总延迟时间和总压缩成本分别被更新为 2 和 2.1。注意:总延迟时间不变,但总压缩成本减少了。

3.4 数值实验

3.4.1 测试问题

表 3-2 给出了随机定义问题的数据集分布,这些问题包含了六种不同数量的工件($n = 10, 30, 50, 80, 100, 200$),其中正常加工时间和最小压缩时间分别服从离散均匀分布 $DU(20, 100)$ 和 $DU(0.5p_i, p_i)$。在交货期的计算中,参数 $P = \sum_{i=1}^{n} p_i$,r 是以 0.2 为步长从 0.2 到 1.0 的一组值。单位压缩成本服从均匀分布 $U(0.5, 2.5)$。用符号标签"n_r"表示随机产生问题的规模,例如,"10_02"表示该问题是一个具有 10 个工件和 $r = 0.2$ 的加工时间可控的单机调度问题。

表 3-2 数据集分布

参数输入	分布
工件数量 n	10, 30, 50, 80, 100, 200
正常加工时间 p_i	$DU(20, 50)$
最小加工时间 (p_i^c)	$DU(0.5p_i, p_i)$
交货期 d_i	$d_i = P(1-r) + (P/1.1 + P(1-r))/(n-1)$
单位压缩成本 c_i	$U(0.5, 2.5)$

3.4.2 参数设置

本书中所有算法均采用Java语言编程,且在jMetal[12]平台上执行实验。实验测试在Intel core i5,2.39 GHz,4 GB RAM的Windows 8操作系统下进行。

在多目标进化算法中,不同的参数配置影响着算法的性能,大量实验已证明种群和外部文档的大小在不同规模问题上都对算法性能具有一定的敏感性[13]。对于规模较大的问题,种群和外部文档等参数通常也设置得较大。因此,对于10工件和30工件的问题(小规模问题),算法中的最大函数评价次数为25000;对于50工件和80工件的问题(中等规模问题),最大函数评价次数为35000;对于100工件和200工件的问题(大规模问题),最大函数评价次数设置为45000。对于10工件和30工件的问题,种群大小和外部文档大小均设置为50。对于50工件和80工件的问题,种群大小和外部文档大小均设为80。对于100工件和200工件的问题,种群大小和外部文档大小均设为100。每种算法在每个问题上均执行30次独立运算。

统计数据的最优结果均以加粗字体突出展示,所采用的元启发式算法均具有随机不稳定的特性。因此,需使用统计分析方法来验证对比结果的显著性差异。本书采用Wilcoxon(威尔科克森)符号秩检验方法来测试不同算法之间的显著性差异,所有测试的显著性水平均设置为95%(对应的$\alpha=0.05$)。符号"+"表示提出的算法要显著地优于其竞争对比算法;符号"−"表示提出的算法要显著地劣于最好的算法;符号"="说明对比的算法之间无显著性差异。R^+表示提出的算法求解某问题时优于其竞争者的秩和;反之,R^-表示提出的算法求解某问题时劣于其竞争者的秩和[14]。

3.4.3 改进策略的性能评价

正如前文所述,MODGWO算法主要包含了两种改进策略:一种是新的离散编码机制,一种是成本降低策略。以下分别探讨这两种策略的有效性。

3.4.3.1 编码方式的有效性

为了验证编码方式的有效性,实验比较了随机键编码方式与本章提出的离散编码方式在部分问题(中等规模问题和大规模问题)上的结果。在本实验中,$MODGWO_{sk}$表示基于随机键编码方式的MODGWO算法,有关随机键编码方法的详情可参考Nearchou[9]的文章。由于随机键编码方式在一定程度上制约了更新操作的实施,为了适应这种编码方式,$MODGWO_{sk}$算法采用的更新算子为模拟二进制交叉算子(simulated binary crossover)SBX和多项式变异算子(polynominal mutation crossover),分布系数均为20,交叉和变异概率分别为0.9和0.2。此外,$MODGWO_{sk}$算法也采用了成本降低策略。在实施该策略时,$MODGWO_{sk}$算法需将实数编码机制转化为离散编码机制,而 MODGWO 算法本身就采用了离散编码机制。本节对 MODGWO$_{sk}$ 算法和 MODGWO 算法在 20 个问题上分别独立实施 30 次运算,并验证了离散编码机制策略的有效性。表 3-3 记录了 30 次独立运算各性能指标的平均值和标准差的统计结果。

表 3-3 MODGWO$_{sk}$ 和 MODGWO 获得的各性能指标的平均值和标准差

问题	GD(平均值/标准差)		Spread(平均值/标准差)		IGD(平均值/标准差)	
	MODGWO$_{sk}$	MODGWO	MODGWO$_{sk}$	MODGWO	MODGWO$_{sk}$	MODGWO
50_02	8.56e-03/9.3e-03	**8.23e-03/1.1e-02**	5.72e-01/3.1e-01	**5.63e-01/3.3e-01**	2.02e-03/4.6e-04	**6.25e-04/1.5e-04**
50_04	**1.67e-02/1.4e-02**	1.88e-02/2.7e-02	**7.23e-01/4.3e-01**	7.68e-01/3.5e-01	3.11e-03/5.1e-04	**7.38e-04/3.7e-04**
50_06	3.54e-02/4.8e-02	**3.33e-02/5.5e-02**	7.38e-01/4.1e-01	**7.25e-01/4.4e-01**	3.30e-03/6.3e-04	**9.73e-04/4.1e-04**
50_08	**2.56e-02/4.8e-02**	2.76e-02/5.7e-02	7.73e-01/3.9e-01	**7.86e-01/5.2e-01**	3.83e-03/1.3e-03	**6.21e-04/2.1e-04**
50_10	**2.97e-02/4.1e-02**	3.06e-02/3.9e-02	6.68e-01/2.8e-01	**6.79e-01/3.6e-01**	7.33e-03/2.2e-03	**9.16e-04/4.3e-04**
80_02	2.01e-02/1.5e-02	**9.12e-03/1.5e-02**	6.45e-01/3.4e-01	**6.75e-01/3.4e-01**	3.74e-03/5.4e-04	**7.76e-04/4.2e-04**
80_04	3.28e-02/3.2e-02	**1.47e-02/1.7e-02**	**7.36e-01/3.3e-01**	9.42e-01/3.8e-01	3.96e-03/8.9e-04	**7.87e-04/3.5e-04**
80_06	5.48e-02/6.0e-02	**2.65e-02/4.3e-02**	**6.71e-01/3.5e-01**	9.82e-01/3.8e-01	5.26e-03/1.1e-03	**6.09e-04/2.8e-04**
80_08	7.41e-02/6.8e-02	**5.24e-02/6.3e-02**	**9.12e-01/3.5e-01**	1.07e+00/4.3e-01	6.67e-03/2.6e-03	**6.78e-04/2.5e-04**
80_10	**3.68e-02/5.1e-02**	8.89e-02/5.8e-02	9.65e-01/1.7e-01	**8.50e-01/4.5e-01**	3.08e-02/5.3e-02	**7.36e-04/3.7e-04**
100_02	2.44e-02/1.4e-02	**6.78e-03/6.1e-03**	**5.88e-01/2.4e-01**	7.65e-01/3.1e-01	4.27e-03/6.2e-04	**1.23e-03/4.3e-04**
100_04	3.76e-02/3.6e-02	**2.14e-02/2.4e-02**	**8.31e-01/3.5e-01**	9.09e-01/4.1e-01	4.67e-03/1.2e-03	**7.13e-04/3.6e-04**
100_06	6.05e-02/4.8e-02	**3.82e-02/4.2e-02**	**8.85e-01/3.3e-01**	9.78e-01/4.2e-01	7.94e-03/2.1e-03	**7.56e-04/3.6e-04**
100_08	7.68e-02/8.1e-02	**6.26e-02/8.0e-02**	**9.48e-01/2.9e-01**	1.04e+00/3.5e-01	2.27e-02/1.1e-02	**6.07e-04/2.9e-04**
100_10	**4.30e-02/4.9e-02**	1.30e-01/7.7e-02	9.68e-01/3.4e-01	**9.18e-01/4.1e-01**	3.64e-02/6.8e-02	**6.62e-04/2.5e-04**
200_02	1.94e-02/1.3e-02	**1.36e-02/6.4e-03**	**7.98e-01/2.5e-01**	8.54e-01/3.1e-01	8.92e-03/1.3e-03	**7.83e-04/3.4e-04**
200_04	6.54e-02/4.1e-02	**3.74e-02/2.8e-02**	**8.81e-01/2.8e-01**	1.19e+00/2.8e-01	1.63e-02/2.2e-03	**9.38e-04/3.8e-04**
200_06	1.11e-01/8.9e-02	**6.73e-02/6.2e-02**	**9.71e-01/2.7e-01**	1.21e+00/3.4e-01	3.47e-02/4.6e-03	**1.12e-03/3.6e-04**
200_08	**7.06e-02/5.5e-02**	2.79e-01/1.3e-01	**1.01e+00/1.6e-01**	1.47e+00/2.5e-01	4.23e-02/8.8e-03	**6.86e-04/2.7e-04**
200_10	**7.80e-02/8.3e-02**	5.65e-01/1.2e-01	**9.30e-01/5.1e-02**	1.22e+00/4.2e-01	1.06e-01/2.1e-02	**6.52e-04/2.5e-04**
准确率	7/20	13/20	15/20	5/20	0/20	20/20

注:8.56e-03 表示 8.56×10^{-3},其余含义同。

在性能指标 GD、Spread 和 IGD 上,MODGWO 算法可分别在 13 个、5 个及 20 个问题上获得最优结果,而 MODGWO$_{sk}$ 算法却只能在 7 个、15 个和 0 个问题上取得对应最佳结果。表 3-4 统计出了这些结果的 Wilcoxon 符号秩检验的 p 值(p-value)。从表 3-4 可看出,就指标 GD 和 IGD 而言,MODGWO 算法比它的竞争者具有数量更多的"+",这说明 MODGWO 算法在 GD 和 IGD 指标上要显著地优于它的竞争者。在 GD 和 IGD 指标上,MODGWO 算法具有优越性的原因在于其编码机制,即相比随机键编码机制,离散编码机制在搜索过程中可有效地避免信息冗余。同时,在初始化阶段,一个解的工件排序是基于交货期的非降序排列,另外一个解的加工时间为正常加工时间,即加工时间压缩量为零,从而在一定程度上确保了解的质量。但就分布性能而言,MODGWO 算法在大多数问题上要显著地劣于 MODGWO$_{sk}$ 算法。其原因在于虽然随机键编码机制带来信息冗余度的增加,但它也有较大机会来搜索不同区域的解,从而具有良好的分布性能。

表 3-4 各指标下的 Wilcoxon 符号秩检验结果(显著性水平 $\alpha=0.05$)

问题	GD			Spread			IGD		
	MODGWO VS MODGWO$_{sk}$			MODGWO VS MODGWO$_{sk}$			MODGWO VS MODGWO$_{sk}$		
	R^+	R^-	p-value/win	R^+	R^-	p-value/win	R^+	R^-	p-value/win
50_02	243	222	8.29e−01/=	256	209	6.29e−01/=	465	0	1.73e−06/+
50_04	231	234	9.75e−01/=	217	248	7.50e−01/=	465	0	1.73e−06/+
50_06	248	217	7.50e−01/=	229	326	9.43e−01/=	465	0	1.73e−06/+
50_08	222	243	8.29e−01/=	326	229	9.43e−01/=	465	0	1.73e−06/+
50_10	195	270	4.41e−01/=	326	139	5.45e−02/=	465	0	1.73e−06/+
80_02	336	129	3.33e−02/+	155	310	1.11e−01/=	465	0	1.73e−06/+
80_04	369	96	5.00e−03/+	119	346	1.96e−02/−	465	0	1.73e−06/+
80_06	349	116	1.66e−02/+	98	367	5.70e−02/=	465	0	1.73e−06/+
80_08	446	19	1.13e−05/+	157	308	1.20e−01/=	465	0	1.73e−06/+
80_10	108	357	1.04e−02/−	281	184	3.19e−01/=	465	0	1.73e−06/+
100_02	465	0	1.73e−06/+	117	348	1.75e−02/−	465	0	1.73e−06/+
100_04	396	69	7.71e−04/+	190	275	3.82e−01/=	465	0	1.73e−06/+
100_06	431	34	4.45e−05/+	175	325	5.71e−02/=	465	0	1.73e−06/+
100_08	432	33	4.07e−05/+	140	325	5.71e−02/=	465	0	1.73e−06/+
100_10	198	267	4.78e−01/=	246	219	7.81e−01/=	465	0	1.73e−06/+
200_02	325	140	5.71e−02/=	164	301	1.59e−01/=	465	0	1.73e−06/+
200_04	465	0	1.73e−06/+	73	392	1.01e−03/−	465	0	1.73e−06/+
200_06	389	76	1.29e−03/+	98	367	5.71e−03/−	465	0	1.73e−06/+
200_08	31	434	3.41e−05/−	80	385	1.70e−03/−	465	0	1.73e−06/+
200_10	0	465	1.73e−06/−	0	465	1.73e−06/−	465	0	1.73e−06/+
+/=/−	10/7/3			0/12/8			20/0/0		

3.4.3.2 成本降低策略

为了验证成本降低策略的有效性,将 MODGWO 算法与不带该策略的 MODGWO 算法进行了实验对比。在本实验中,MODGWO$_1$ 表示不包含成本降低策略的算法。这两种算法的参数设置与上面实验的设置相同。本实验对这两种算法在每个问题上分别独立运行了 30 次。表 3-5 记录了这两种算法在这 20 个问题上获得的性能指标统计结果(平均值和标准差)。表 3-6 给出了 30 次独立运算结果的 Wilcoxon 符号秩检验的 p 值。

表 3-5　MODGWO$_1$ 和 MODGWO 获得的各性能指标的平均值和标准差

问题	GD(平均值/标准差)		Spread(平均值/标准差)		IGD(平均值/标准差)	
	MODGWO$_1$	MODGWO	MODGWO$_1$	MODGWO	MODGWO$_1$	MODGWO
50_02	8.61e−03/1.4e−02	**8.34e−03/1.2e−02**	**5.23e−01/3.2e−01**	6.15e−01/2.8e−01	2.68e−03/4.3e−04	**2.57e−03/3.4e−04**
50_04	2.91e−02/2.7e−02	**2.28e−02/1.8e−02**	7.88e−01/4.5e−01	**6.67e−01/3.9e−01**	9.85e−04/3.8e−04	**8.82e−04/2.6e−04**
50_06	**1.80e−02/2.5e−02**	3.52e−02/4.1e−02	**6.36e−01/4.0e−01**	7.32e−01/4.7e−01	2.63e−03/4.3e−04	**2.61e−03/4.8e−04**
50_08	3.21e−02/3.6e−02	**2.57e−02/3.4e−02**	7.97e−01/4.8e−01	**7.01e−01/4.9e−01**	7.60e−04/3.9e−04	**7.09e−04/2.0e−04**
50_10	2.23e−02/2.8e−02	**1.83e−02/2.5e−02**	7.14e−01/4.5e−01	**6.82e−01/4.3e−01**	2.32e−03/4.3e−04	**2.27e−03/4.4e−04**
80_02	2.35e−02/1.4e−02	**1.03e−02/1.3e−02**	8.35e−01/3.1e−01	**6.59e−01/3.7e−01**	6.87e−04/2.5e−04	**6.61e−04/2.6e−04**
80_04	4.43e−02/3.7e−02	**3.83e−02/3.5e−02**	1.00e+00/3.9e−01	**9.13e−01/3.4e−01**	**6.51e−04/2.5e−04**	7.59e−04/3.1e−04
80_06	4.68e−02/4.3e−02	**3.71e−02/3.2e−02**	**8.56e−01/4.5e−01**	9.72e−01/4.6e−01	6.58e−04/2.7e−04	**6.15e−04/2.0e−04**
80_08	7.24e−02/6.4e−02	**5.56e−02/5.3e−02**	1.05e+00/4.7e−01	**1.00e+00/4.6e−01**	8.25e−04/4.0e−04	**7.91e−04/3.8e−04**
80_10	4.87e−02/5.1e−02	**4.06e−02/4.8e−02**	9.45e−01/4.4e−01	**8.23e−01/4.4e−01**	8.26e−04/3.9e−04	9.27e−04/4.6e−04
100_02	1.92e−02/1.7e−02	**1.83e−02/1.4e−02**	8.36e−01/3.2e−01	**8.30e−01/3.3e−01**	8.26e−04/3.4e−04	8.49e−04/3.7e−04
100_04	**4.67e−02/4.3e−02**	5.33e−02/3.8e−02	**9.71e−01/4.0e−01**	1.06e+00/3.8e−01	**9.01e−04/4.0e−04**	9.45e−04/3.8e−04
100_06	**3.40e−02/3.4e−02**	5.21e−02/4.4e−02	**6.79e−01/4.8e−01**	1.21e+00/3.8e−01	7.21e−04/2.6e−04	**6.58e−04/2.3e−04**
100_08	**5.17e−02/6.2e−02**	7.68e−02/7.5e−02	**1.04e+00/4.2e−01**	1.13e+00/4.0e−01	7.49e−04/2.9e−04	**7.36e−04/3.5e−04**
100_10	**5.67e−02/4.8e−02**	6.77e−02/5.7e−02	**9.64e−01/4.1e−01**	9.71e−01/4.3e−01	9.10e−04/3.9e−04	**7.52e−04/2.5e−04**
200_02	**2.18e−02/1.5e−02**	2.36e−02/1.6e−02	**8.70e−01/3.1e−01**	9.20e−01/3.1e−01	**7.63e−04/2.7e−04**	7.81e−04/2.9e−04
200_04	5.78e−02/4.4e−02	**4.87e−02/4.2e−02**	**1.03e+00/3.3e−01**	1.18e+00/3.7e−01	6.19e−04/3.0e−04	**5.80e−04/2.9e−04**
200_06	**8.61e−02/6.8e−02**	9.76e−02/6.8e−02	**1.18e+00/2.6e−01**	1.18e+00/3.3e−01	**7.01e−04/2.9e−04**	7.01e−04/3.3e−04
200_08	9.18e−02/6.8e−02	**8.31e−02/1.4e−01**	1.11e+00/2.7e−01	**1.10e+00/3.1e−01**	8.52e−04/4.4e−04	**8.20e−04/3.6e−04**
200_10	**6.24e−02/5.9e−02**	7.58e−02/7.6e−02	1.15e+00/3.0e−01	**1.14e+00/3.0e−01**	8.58e−04/4.4e−04	**8.50e−04/3.5e−04**
准确率	8/20	12/20	10/20	10/20	6/20	14/20

表 3-6　各指标下的 Wilcoxon 符号秩检验结果（显著性水平 $\alpha=0.05$）

问题	GD MODGWO VS MODGWO$_1$			Spread MODGWO VS MODGWO$_1$			IGD MODGWO VS MODGWO$_1$		
	R^+	R^-	p-value/win	R^+	R^-	p-value/win	R^+	R^-	p-value/win
50_02	243	222	8.29e−01/=	33	432	4.07e−05/−	305	160	1.36e−01/=
50_04	234	231	9.75e−01/=	402	63	4.90e−04/+	398	67	6.64e−04/+
50_06	94	371	4.38e−03/−	49	416	1.60e−04/−	293	172	2.13e−01/=
50_08	464	1	1.92e−06/+	360	105	8.70e−03/+	464	1	1.92e−06/+
50_10	434	31	3.41e−05/+	350	115	1.57e−02/+	465	0	1.73e−06/+
80_02	336	129	3.33e−02/+	396	69	7.71e−04/+	436	29	2.84e−05/+
80_04	369	96	5.00e−03/+	447	18	1.02e−05/+	4	461	2.60e−06/−
80_06	349	116	1.66e−02/+	43	422	9.71e−05/−	396	69	7.71e−04/+
80_08	465	0	1.73e−06/+	269	196	4.53e−01/=	465	0	1.73e−06/+
80_10	357	108	1.04e−02/+	335	130	3.50e−02/+	0	465	1.73e−06/−
100_02	257	208	6.14e−01/=	257	208	6.14e−01/=	140	325	5.71e−02/=

续表

问题	GD MODGWO VS MODGWO$_1$			Spread MODGWO VS MODGWO$_1$			IGD MODGWO VS MODGWO$_1$		
	R$^+$	R$^-$	p-value/win	R$^+$	R$^-$	p-value/win	R$^+$	R$^-$	p-value/win
100_04	176	289	2.45e−01/=	54	411	2.41e−04/−	159	306	1.31e−01/=
100_06	34	431	4.45e−05/−	60	405	3.88e−04/−	465	0	1.73e−06/+
100_08	57	408	3.07e−04/−	54	411	2.41e−04/−	458	7	3.52e−06/+
100_10	198	267	4.78e−01/=	137	328	4.95e−02/−	465	0	1.73e−06/+
200_02	140	325	5.71e−02/=	157	308	1.20e−01/=	140	325	5.71e−02/=
200_04	300	165	1.65e−01/+	43	422	9.71e−05/−	465	0	1.73e−06/+
200_06	76	389	1.29e−03/−	257	208	6.14e−01/=	0	465	1.73e−06/−
200_08	434	31	3.41e−05/+	275	190	3.82e−01/=	465	0	1.73e−06/+
200_10	0	465	1.73e−06/−	279	186	3.39e−01/=	465	0	1.73e−06/+
+/=/−		9/6/5			6/6/8			13/5/2	

对于性能指标 GD、Spread 和 IGD，MODGWO 算法可以分别获得 12 个、10 个及 14 个问题上的最优结果，而 MODGWO$_1$ 算法在 8 个、10 个和 6 个问题上取得了最佳结果。为了进一步验证其结果的显著性，比较这些结果的 p 值。从表 3-6 可看出，对于性能指标 GD 和 IGD，MODGWO 算法比它的竞争者具有数量更多的"+"。因此，MODGWO 算法在 GD 和 IGD 指标上要显著地优于 MODGWO$_1$ 算法，这说明采用成本降低策略的 MODGWO 算法具有较好的收敛性能和覆盖性能。成本降低策略具体显著优越性的根本原因在于它能够在不改变工件加工序列的情况下，减少总压缩成本且保持总延迟时间不变。通过调整工件的压缩加工时间，压缩成本可在不影响总延迟时间的情况下进一步减少，成本降低策略可在一定程度上提高算法的局部寻优能力，最终使生产系统的整体性能有所提高。

3.4.4　与其他多目标进化算法进行比较

为了进一步验证 MODGWO 算法的性能，将其与其他经典多目标进化算法，如 NSGA-Ⅱ[15]、SPEA2[16] 以及 PAES[17] 进行比较。为了保证算法对比的公平性，实验都需在相同环境下进行，采用了相同种群大小和最大函数评价次数，同时，如 3.3 小节所述，它们均采用了本章提出的初始化策略。此外，当多目标进化算法含有交叉和变异算子时，均采用本书提到的更新算子以保证比较的公平性。表 3-7 给出了这些多目标进化算法的参数设置。每种算法在每个问题上均独立运行 30 次。

表 3-7　MODGWO、NSGA-Ⅱ、SPEA2 和 PAES 的参数设置

算法	MODGWO	NSGA-Ⅱ	SPEA2	PAES
参数设置	种群和文档大小：50（工件数为 10 和 30）	种群大小：50（工件数为 10 和 30）	种群和文档大小：50（工件数为 10 和 30）	种群和文档大小：50（工件数为 10 和 30）
	种群和文档大小：80（工件数为 50 和 80）	种群大小：80（工件数为 50 和 80）	种群和文档大小：80（工件数为 50 和 80）	种群和文档大小：80（工件数为 50 和 80）
	种群和文档大小：100（工件数为 100 和 200）	种群大小：100（工件数为 100 和 200）	种群和文档大小：100（工件数为 100 和 200）	种群和文档大小：100（工件数为 100 和 200）
	交叉概率：0.9 变异概率：0.2	交叉概率：0.9 变异概率：0.2	交叉概率：0.9 变异概率：0.2	变异概率：0.2

表 3-8 记录了性能指标 GD 的统计结果。从表 3-8 中可看出，在大多数问题上 MODGWO 算法要优于其他多目标进化算法，NSGA-Ⅱ 在 15 个问题上取得了最优结果，SPEA2 只能在 1 个问题上取得最优结果。值得注意的是，PAES 在 GD 指标上没有取得任何最优值。因此，按照收敛性能降序对各算法的排序如下：MODGWO、NSGA-Ⅱ、SPEA2 和 PAES。这表明 MODGWO 算法在这些多目标进化算法中具有最佳的收敛性能，其主要原因是 MODGWO 算法采用了社会分层机制，群体社会等级从高到低排列依次为：α、β、δ 及 ω。MODGWO 算法的优化过程主要由每代种群中的较好三个解（即 α、β、δ）来指导完成。也就是说，这些较好的解会引导其他候选解朝着最优 Pareto 解的方向进行搜索，从而收敛速度较快。因此，它的收敛性能会进一步得到加强。

表 3-8　NSGA-Ⅱ、SPEA2、PAES 和 MODGWO 获得的 GD 指标的平均值和标准差

问题	NSGA-Ⅱ 平均值/标准差	SPEA2 平均值/标准差	PAES 平均值/标准差	MODGWO 平均值/标准差
10_02	4.92e−03/1.2e−03	2.13e−02/1.5e−03	2.83e−02/5.1e−03	**8.93e−04/4.3e−04**
10_04	5.34e−03/1.4e−03	2.11e−02/2.5e−03	2.75e−02/6.5e−03	**2.11e−03/7.2e−04**
10_06	4.96e−03/2.2e−03	2.06e−02/2.8e−03	3.12e−02/2.1e−01	**2.04e−03/8.1e−04**
10_08	3.89e−03/7.4e−04	2.02e−02/3.1e−03	3.74e−02/1.2e−01	**2.08e−03/6.9e−04**
10_10	3.40e−03/1.2e−03	2.77e−02/1.5e−02	9.54e−02/7.6e−02	**2.08e−03/6.1e−04**
30_02	4.71e−03/1.2e−03	2.12e−02/2.1e−03	2.58e−02/3.3e−03	**2.03e−03/2.4e−04**
30_04	5.69e−03/1.3e−03	2.00e−02/4.9e−03	3.20e−02/2.1e−02	**9.56e−04/7.5e−03**
30_06	5.87e−03/3.3e−03	2.02e−02/3.5e−03	6.01e−02/4.0e−02	**8.71e−04/5.9e−04**
30_08	4.67e−03/2.0e−03	9.91e−03/3.3e−03	8.63e−02/7.5e−02	**8.93e−04/3.0e−02**
30_10	4.80e−03/3.6e−03	3.13e−02/8.6e−03	8.68e−02/7.2e−02	**9.95e−04/4.1e−02**

续表

问题	NSGA-Ⅱ 平均值/标准差	SPEA2 平均值/标准差	PAES 平均值/标准差	MODGWO 平均值/标准差
50_02	**5.18e−03/2.1e−03**	2.24e−02/4.6e−03	3.13e−02/1.2e−02	9.22e−03/1.6e−02
50_04	**6.15e−03/1.5e−03**	2.37e−02/5.3e−03	4.55e−02/2.6e−02	2.28e−02/3.9e−02
50_06	**6.26e−03/3.3e−03**	2.23e−02/4.5e−03	7.51e−02/5.8e−02	2.13e−02/4.2e−02
50_08	**7.56e−03/4.2e−03**	2.16e−02/5.7e−03	8.47e−02/9.1e−02	4.28e−02/5.8e−02
50_10	2.15e−02/5.0e−03	3.21e−02/1.6e−02	9.48e−02/7.3e−02	**7.99e−03/4.9e−02**
80_02	**6.63e−03/2.2e−03**	2.28e−02/5.4e−03	3.61e−02/1.3e−02	2.12e−02/1.2e−02
80_04	**7.64e−03/3.2e−03**	2.27e−02/5.5e−03	4.16e−02/1.5e−02	3.47e−02/5.8e−02
80_06	**9.26e−03/4.7e−03**	2.34e−02/6.2e−03	5.80e−02/2.7e−02	4.08e−02/7.8e−02
80_08	**2.06e−02/7.2e−03**	3.03e−02/1.4e−02	7.01e−02/3.9e−02	4.36e−02/5.7e−02
80_10	4.62e−02/2.3e−02	4.85e−02/1.7e−02	8.71e−02/8.8e−02	**3.65e−02/4.5e−02**
100_02	9.30e−03/1.5e−03	1.36e−02/7.7e−03	3.64e−02/7.8e−03	**7.86e−03/2.8e−02**
100_04	**2.16e−02/4.2e−03**	2.21e−02/6.0e−03	4.30e−02/1.7e−02	3.22e−02/3.8e−02
100_06	**2.28e−02/5.3e−03**	2.61e−02/6.2e−03	6.54e−02/5.1e−02	5.96e−02/7.3e−02
100_08	**2.78e−02/1.4e−02**	3.75e−02/1.2e−02	8.89e−02/3.3e−02	7.62e−02/9.3e−02
100_10	6.92e−02/1.7e−02	5.89e−02/1.8e−02	2.12e−01/4.6e−02	**5.84e−02/8.4e−02**
200_02	**9.97e−03/3.3e−03**	2.15e−02/5.8e−03	3.57e−02/6.2e−03	2.68e−02/7.9e−03
200_04	1.72e−02/8.3e−03	**1.62e−02/7.6e−03**	2.32e−02/1.8e−02	2.24e−02/3.6e−02
200_06	**2.49e−02/1.6e−02**	3.42e−02/1.8e−02	6.58e−02/2.0e−02	3.86e−02/9.2e−02
200_08	**2.22e−01/2.6e−02**	3.61e−01/4.1e−02	4.87e−01/3.9e−02	2.47e−01/3.3e−02
200_10	4.87e−01/8.4e−02	6.46e−01/2.3e−01	5.42e−01/2.1e−01	**2.13e−01/1.2e−01**
准确率	14/30	1/30	0/30	15/30

表3-9展示了算法的分布性能Spread指标的统计结果。MODGWO在该性能指标上具有一定的竞争力。具体说来,就Spread指标而言,NSGA-Ⅱ在15个问题上取得了最优结果,MODGWO在11个问题上获得了最优结果,而PAES在4个问题上获得了最优结果,但SPEA2却不能在任何问题上得到最优结果。这表明MODGWO在不断逼近最优Pareto解集的同时在一定程度上也保障了解的分布性。

表 3-9 NSGA-Ⅱ、SPEA2、PAES 和 MODGWO 获得的 Spread 指标的平均值和标准差

问题	NSGA-Ⅱ 平均值/标准差	SPEA2 平均值/标准差	PAES 平均值/标准差	MODGWO 平均值/标准差
10_02	1.36e+00/1.4e−02	1.44e+00/3.2e−02	**1.00e+00/2.8e−02**	1.64e+00/2.3e−02
10_04	1.32e+00/3.2e−02	1.38e+00/3.8e−02	**1.02e+00/1.2e−01**	1.60e+00/2.7e−02
10_06	1.29e+00/4.9e−02	1.48e+00/6.4e−02	**1.14e+00/2.1e−01**	1.59e+00/2.1e−02
10_08	1.25e+00/1.7e−02	1.56e+00/6.5e−02	**1.20e+00/2.4e−01**	1.52e+00/8.5e−03
10_10	**1.06e+00/6.0e−02**	1.57e+00/7.4e−02	1.32e+00/1.9e−01	1.31e+00/1.7e−02
30_02	7.38e−01/5.1e−02	1.53e+00/5.3e−02	1.11e+00/3.8e−02	**4.94e−01/7.0e−02**
30_04	7.80e−01/5.3e−02	1.41e+00/4.7e−02	1.08e+00/1.6e−01	**5.77e−01/2.5e−01**
30_06	8.00e−01/5.6e−02	1.53e+00/5.2e−02	1.31e+00/1.8e−01	**5.37e−01/2.7e−01**
30_08	8.12e−01/4.8e−02	1.46e+00/5.3e−02	1.36e+00/1.5e−01	**6.13e−01/4.0e−01**
30_10	8.51e−01/5.4e−02	1.49e+00/4.9e−02	1.30e+00/1.4e−01	**6.02e−01/4.2e−01**
50_02	7.14e−01/5.8e−02	1.48e+00/4.7e−02	1.11e+00/1.2e−01	**6.47e−01/3.0e−01**
50_04	7.52e−01/7.4e−02	1.40e+00/4.0e−02	1.17e+00/1.4e−01	**7.39e−01/4.1e−01**
50_06	7.80e−01/7.7e−02	1.48e+00/4.4e−02	1.25e+00/1.3e−01	**7.65e−01/4.8e−01**
50_08	**7.72e−01/5.2e−02**	1.44e+00/4.1e−02	1.30e+00/1.5e−01	8.25e−01/5.0e−01
50_10	8.19e−01/5.6e−02	1.51e+00/4.0e−02	1.34e+00/1.2e−01	**7.03e−01/4.8e−01**
80_02	**7.11e−01/4.4e−02**	1.52e+00/4.5e−02	1.04e+00/7.4e−02	7.24e−01/3.2e−01
80_04	**7.56e−01/5.3e−02**	1.49e+00/4.2e−02	1.24e+00/1.4e−01	8.76e−01/4.5e−01
80_06	**7.74e−01/6.9e−02**	1.50e+00/3.5e−02	1.33e+00/1.7e−01	9.21e−01/4.3e−01
80_08	**7.91e−01/5.3e−02**	1.44e+00/3.3e−02	1.26e+00/1.6e−01	1.12e+00/3.4e−01
80_10	**8.89e−01/4.4e−02**	1.45e+00/4.4e−02	1.27e+00/1.7e−01	9.01e−01/4.1e−01
100_02	7.34e−01/5.6e−02	1.50e+00/3.9e−02	1.06e+00/8.9e−02	**6.70e−01/3.8e−01**
100_04	**7.63e−01/8.1e−02**	1.49e+00/3.4e−02	1.20e+00/1.3e−01	9.24e−01/3.7e−01
100_06	**7.78e−01/7.5e−02**	1.51e+00/3.8e−02	1.26e+00/1.4e−01	9.27e−01/4.6e−01
100_08	**8.35e−01/6.7e−02**	1.48e+00/4.0e−02	1.31e+00/1.2e−01	1.09e+00/3.8e−01
100_10	**9.22e−01/5.2e−02**	1.43e+00/5.8e−02	1.36e+00/5.8e−02	9.72e−01/4.3e−01
200_02	7.94e−01/5.3e−02	1.56e+00/2.1e−02	1.12e+00/2.7e−02	**7.81e−01/1.8e−01**
200_04	**8.03e−01/5.7e−02**	1.48e+00/2.6e−02	1.14e+00/9.2e−02	9.57e−01/2.7e−01
200_06	**8.22e−01/4.6e−02**	1.46e+00/3.9e−02	1.31e+00/8.4e−02	1.16e+00/2.2e−01
200_08	**8.13e−01/4.4e−02**	1.48e+00/4.2e−02	1.06e+00/7.5e−02	9.62e−01/2.5e−01
200_10	**1.02e+00/7.9e−02**	1.34e+00/7.7e−02	1.09e+00/1.2e−01	1.15e+00/9.0e−02
准确率	15/30	0/30	4/30	11/30

表 3-10 记录了性能指标 IGD 的统计结果。从表 3-10 中可清楚地看出,在所有问题上 MODGWO 均优于其他多目标进化算法。此外,从表 3-11 可知在性能指标 IGD 上 MODGWO 以 95% 的置信水平显著地优于其对比算法。这表明 MODGWO 在这些多目标进化算法中具有优良的综合性能,其原因在于以下两个方面:第一,MODGWO 采用了社会分层机制。MODGWO 的优化过程主要由每代种群中较好的三个解(即 α、β、δ)来指导完成。也就是说,这三个解会引导其他候选解朝着最优 Pareto 解的区域进行搜索,因此,MODGWO 具有较快的收敛性能。第二,MODGWO 采用了成本降低策略。通过调整工件加工时间压缩量,在保证不影响总延迟时间的情况下压缩成本进一步降低,从而使生产系统的整体性能有所提高。

表 3-10 NSGA-Ⅱ、SPEA2、PAES 及 MODGWO 获得的 IGD 指标的平均值和标准差

问题	NSGA-Ⅱ 平均值/标准差	SPEA2 平均值/标准差	PAES 平均值/标准差	MODGWO 平均值/标准差
10_02	7.61e−04/2.2e−04	2.19e−03/2.3e−04	1.72e−02/3.8e−03	**1.32e−04/6.2e−05**
10_04	2.53e−03/6.3e−04	3.56e−03/3.4e−04	2.55e−02/3.1e−03	**3.98e−04/1.4e−04**
10_06	1.03e−03/6.2e−04	3.04e−03/4.1e−04	1.64e−02/3.9e−03	**1.93e−04/6.5e−05**
10_08	1.24e−03/3.9e−04	3.78e−03/3.6e−04	1.93e−02/3.6e−03	**1.27e−04/4.7e−05**
10_10	1.16e−03/4.3e−04	5.46e−03/1.0e−03	1.79e−02/5.0e−03	**3.84e−04/1.2e−04**
30_02	2.05e−03/1.0e−03	3.34e−03/7.7e−04	1.53e−02/3.2e−03	**2.62e−04/2.1e−04**
30_04	3.52e−03/8.6e−04	3.91e−03/6.2e−04	2.34e−02/3.5e−03	**1.91e−04/1.5e−04**
30_06	4.44e−03/8.6e−04	3.16e−03/6.0e−04	1.23e−02/4.0e−03	**2.09e−04/7.4e−05**
30_08	2.91e−03/7.2e−04	3.12e−03/5.2e−04	1.17e−02/2.8e−03	**1.88e−04/9.9e−05**
30_10	7.21e−03/1.8e−03	5.64e−03/8.4e−04	1.67e−02/4.0e−03	**3.81e−04/1.7e−04**
50_02	4.04e−03/9.5e−04	5.32e−03/7.0e−04	2.51e−02/3.4e−03	**2.02e−04/7.2e−05**
50_04	4.24e−03/1.7e−03	4.92e−03/5.4e−04	1.33e−02/3.6e−03	**3.66e−04/1.5e−04**
50_06	4.34e−03/2.0e−03	6.71e−03/4.6e−04	3.31e−02/2.5e−03	**3.69e−04/1.7e−04**
50_08	5.17e−03/1.2e−03	5.65e−03/5.4e−04	1.27e−02/2.8e−03	**2.68e−04/7.9e−05**
50_10	1.09e−02/3.1e−03	1.18e−02/1.2e−03	2.89e−02/1.2e−02	**6.87e−04/3.2e−04**
80_02	6.63e−03/1.8e−03	1.01e−02/1.3e−03	2.01e−02/2.6e−03	**4.85e−04/1.7e−04**
80_04	7.94e−03/2.2e−03	1.23e−02/8.0e−04	1.90e−02/2.2e−03	**5.88e−04/2.6e−04**
80_06	1.43e−02/5.3e−03	1.40e−02/1.1e−03	1.75e−02/1.5e−03	**5.29e−04/2.5e−04**
80_08	1.65e−02/3.8e−03	1.28e−02/1.1e−03	1.71e−02/1.1e−03	**1.28e−03/4.2e−04**
80_10	1.43e−02/5.3e−03	1.18e−02/1.5e−03	2.01e−02/2.2e−03	**7.89e−04/2.7e−04**
100_02	1.10e−02/2.4e−03	1.58e−02/1.7e−03	3.15e−02/2.6e−03	**8.54e−04/3.4e−04**
100_04	1.14e−02/4.1e−03	1.12e−02/6.5e−04	1.73e−02/2.2e−03	**4.96e−04/1.6e−04**
100_06	1.12e−02/5.1e−03	1.05e−02/1.6e−03	1.67e−02/2.4e−03	**8.54e−04/2.3e−04**
100_08	1.02e−02/4.5e−03	1.04e−02/1.1e−03	1.62e−02/2.1e−03	**6.93e−04/3.2e−04**
100_10	2.24e−02/6.5e−03	1.03e−02/1.4e−03	1.90e−02/2.5e−03	**9.23e−04/4.8e−04**
200_02	1.05e−02/3.1e−03	1.38e−02/8.1e−04	4.17e−02/6.4e−03	**6.39e−03/2.7e−05**
200_04	1.24e−02/3.4e−03	1.23e−02/1.0e−03	3.26e−02/2.8e−03	**4.48e−03/2.9e−05**
200_06	1.28e−02/4.6e−03	1.26e−02/2.1e−03	1.75e−02/1.7e−03	**1.58e−03/2.6e−04**
200_08	1.12e−01/2.2e−02	1.07e−01/1.8e−02	4.43e−01/2.4e−02	**4.12e−02/1.3e−02**
200_10	2.53e−01/4.5e−02	2.25e−01/3.7e−02	4.78e−01/1.8e−01	**1.24e−02/8.1e−03**
准确率	0/30	0/30	0/30	30/30

表 3-11 各指标下的 Wilcoxon 符号秩检验结果(显著性水平 $\alpha=0.05$)

指标	MODGWO VS NSGA-Ⅱ				MODGWO VS SPEA2				MODGWO VS PAES			
	R^+	R^-	p-value	win	R^+	R^-	p-value	win	R^+	R^-	p-value	win
GD	145	320	7.19e−02	=	317.5	147.5	8.04e−02	=	465	0	1.73e−06	+
Spread	0	465	1.73e−06	−	0	465	1.73e−06	−	0	465	1.73e−06	−
IGD	465	0	1.73e−06	+	465	0	1.73e−06	+	465	0	1.73e−06	+

3.5 本章小结

本章研究了一个加工时间可控的单机调度问题,该问题的优化目标是同时最小化总延迟时间与总压缩成本。为了求解这个多目标优化问题,本章提出了一种混合多目标离散灰狼优化算法 MODGWO。在该算法中,设计了一种新的离散编码机制来适应问题的特征,数值实验也验证了该编码机制的有效性。为了提高搜索的多样性和有效性,本章也提出了两种高效的策略(种群初始化策略和成本降低策略)来改善解的质量,并验证了这两种策略的优势。为了检测 MODGWO 算法的有效性,将 MODGWO 与其他经典多目标进化算法如 NSGA-Ⅱ、SPEA2 及 PAES 进行了比较。实验结果表明 MODGWO 在大多数问题上要优于其他算法。总之,本章主要贡献至少有以下三个方面:

(1) 构建了加工时间可控的多目标单机调度数学模型,并提出了一种新的算法来求解该问题;

(2) 针对研究的问题,提出了一种新的离散编码机制,为求解此类调度问题提供了一种新的思路;

(3) 提出的成本降低策略可以改善算法的局部寻优能力,从而有效地提高解的质量。

本章参考文献

[1] DU J, LEUNG J Y-T. Minimizing total tardiness on one machine is NP-hard [J]. Mathematics of Operations Research, 1990, 15(3):483-495.

[2] HOLLAND J H. Adaptation in natural and artificial systems[M]. Cambridge: MIT Press, 1992.

[3] 李新宇. 工艺规划与车间调度集成问题的求解方法研究[D]. 武汉:华中科技大学, 2009.

[4] MIRJALILI S, MIRJALILI S M, LEWIS A. Grey wolf optimizer[J]. Advances in Engineering Software, 2014, 69:46-61.

[5] LU C, XIAO S Q, LI X Y, et al. An effective multi-objective discrete grey wolf optimizer for a real-world scheduling problem in welding production[J]. Advances in Engineering Software, 2016, 99:161-176.

[6] LU C, GAO L, LI X Y, et al. A hybrid multi-objective grey wolf optimizer for dynamic scheduling in a real-world welding industry[J]. Engineering Applications of Artificial Intelligence, 2017, 57:61-79.

[7] SONG X H, TANG L, ZHAO S T, et al. Grey wolf optimizer for parameter estimation in surface waves[J]. Soil Dynamics and Earthquake Engineering, 2015, 75:147-157.

[8] MEDJAHED S A, SAADI T A, BENYETTOU A, et al. Gray wolf optimizer for hyperspectral band selection[J]. Applied Soft Computing, 2016, 40:178-186.

[9] NEARCHOU A C. Scheduling with controllable processing times and compression costs using population-based heuristics[J]. International Journal of Production Research, 2010, 48(23):7043-7062.

[10] GOLDBERG D E. Genetic algorithm in search, optimization, and machine learning[M]. Boston: Addison-Wesley Longman Publishing Co., Inc., 1989.

[11] XIE Z P, ZHANG C Y, SHAO X Y, et al. An effective hybrid teaching-learning-based optimization algorithm for permutation flow shop scheduling problem[J]. Advances in Engineering Software, 2014, 77:35-47.

[12] DURILLO J J, NEBRO A J. jMetal: A Java framework for multi-objective optimization[J]. Advances in Engineering Software, 2011, 42(10):760-771.

[13] HAO L, BING D, HUANG G Q, et al. Hybrid flow shop scheduling considering machine electricity consumption cost[J]. International Journal of Production Economics, 2013, 146(2):423-439.

[14] DERRAC J, GARCÍA S, MOLINA D, et al. A practical tutorial on the use of nonparametric statistical tests as a methodology for comparing evolutionary and swarm intelligence algorithms[J]. Swarm and Evolutionary Computation, 2011, 1(1):3-18.

[15] DEB K, PRATAP A, AGARWAL S, et al. A fast and elitist multiobjective genetic algorithm: NSGA-II [J]. IEEE Transactions on Evolutionary Computation, 2002, 6(2):182-197.

[16] ZITZLER E, LAUMANNS M, THIELE L. SPEA2: Improving the strength Pareto evolutionary algorithm[J]. Technical Report Gloriastrasse, 2001.

[17] KNOWLES J, CORNE D. The Pareto archived evolution strategy: A new baseline algorithm for Pareto multiobjective optimisation[C]// Proceedings of the 1999 Congress on Evolutionary Computation. IEEE,1999.

第4章 加工时间可控的多目标并行机调度问题研究

4.1 引　　言

加工时间可控的并行机调度问题研究的是 n 个工件在 m 台机器集上的加工操作,各工件只需在机器集中的某一台机器上加工一次,其中工件加工时间可通过附加的额外资源(如人力、财力、设备、燃料及能源等)的分配来进行控制[1],使某个或某些调度指标达到最优。显然,确定工件在机器上的分派、每台机器上的工件加工序列以及工件的实际加工时间,是求解加工时间可控的并行机调度问题的三个任务。本章围绕加工时间可控条件下的并行机调度问题展开了研究,首先阐述了加工时间可控的并行机调度问题,然后提出了同时最小化最大完工时间和额外资源消耗的调度优化算法,最后验证了调度优化算法求解该类调度问题的有效性。

4.2 问题描述与模型建立

加工时间可控的并行机调度问题(parallel machine scheduling problem with controllable processing times)通常具有以下特征：

(1) 每个工件的操作总数 $n_i=1$；

(2) 每个工件均要在机器集 M 中的某一台机器上进行加工；

(3) 工件加工时间可通过额外资源分配来进行控制,即工件加工时间可在一定范围内变化,但需要消耗额外的资源。

加工时间可控的并行机调度问题可分为以下三类。

(1) 加工时间可控的相同并行机调度问题：有 n 个待加工工件的集合 J 在 m 台机器组成的集合 M 上进行加工,工件在任意一台机器上的加工时间区间 $[p_i^L, p_i^U]$ 是一样的,工件在加工过程中满足不可中断约束和机器唯一性约束。

(2) 加工时间可控的均匀并行机调度问题：有 n 个待加工工件的集合 J 在 m 台机器组成的集合 M 上进行加工,机器 M_k 的加工速度为 s_k,工件在机器 M_k 上的加工时间区间为 $[p_i^L/s_k, p_i^U/s_k]$,工件的加工过程满足不可中断约束和机器唯一性约束。

（3）加工时间可控的不相关并行机调度问题：有 n 个待加工工件的集合 J 在 m 台机器组成的集合 M 上进行加工，工件 J_i 在机器 M_k 上的加工时间区间为 $[p_{ik}^{\rm L}, p_{ik}^{\rm U}]$，工件的加工过程满足不可中断约束和机器唯一性约束。

本章研究了加工时间可控的不相关并行机调度问题，首先建立了相关问题的混合整数规划数学模型，其优化目标是同时最小化最大完工时间和额外资源消耗，该模型考虑了依赖工序的准备时间（sequence-dependent setup times，SDST）。在所研究的问题中，工件集合在不相关机器集合中进行加工，准备时间被认为是与机器和工件相关的。因此，当工件 j 紧接着工件 i 在机器 k 上加工时，存在准备时间 S_{ijk}。此外，该问题的相关假设如下：

① 工件和机器在零时刻均可用；
② 机器之间的传输时间可以忽略；
③ 工件在每台机器上的加工时间范围可能是不同的；
④ 加工开始后工件满足操作不可中断约束；
⑤ 每台机器能够加工某些工件；
⑥ 每台机器在任一时刻最多只能加工一个工件。

在构建该问题的数学模型之前，首先定义以下符号和决策变量。

1. 符号

n：工件的总数。
m：可用机器的总数。
i, j, h：工件索引。
k：机器索引。
J_i：第 i 个工件。
J：工件集合，$J = \{J_i | i = 1, 2, \cdots, n\}$。
M_k：第 k 个机器。
M：机器集合，$M = \{M_k | k = 1, 2, \cdots, m\}$。
$p_{ik}^{\rm U}$：工件 J_i 在机器 M_k 上的最大加工时间。
$p_{ik}^{\rm L}$：工件 J_i 在机器 M_k 上的最小加工时间。
S_{ijk}：工件 J_i 和 J_j 在机器 M_k 上的准备时间。
L：一个正无穷大的数。
u_i：工件 J_i 的单位时间压缩量所需代价的惩罚系数。
C_i：工件 J_i 的完工时间。
$C_{\max}$：最大完工时间。

2. 决策变量

p_{ik}：工件 J_i 在机器 M_k 上的实际加工时间（连续变量）。
$a_{ik} = \begin{cases} 1, & \text{如果机器 } M_k \text{ 能加工工件 } J_i \\ 0, & \text{否则} \end{cases}$。

$$X_{ijk} = \begin{cases} 1, \text{如果工件} J_i \text{和} J_j \text{都在机器} M_k \text{上加工且工件} J_i \text{优先于} J_j \text{加工} \\ 0, \text{否则} \end{cases}$$

该问题的数学模型构建如下：

$$\min f_1 = \max\{C_i | i=1,2,\cdots,n\} \tag{4-1}$$

$$\min f_2 = \sum_{k=1}^{m}\sum_{i=1}^{n} u_i(p_{ik}^{U} - p_{ik}) \tag{4-2}$$

约束条件：

$$\sum_{j=1}^{n} X_{0jk} = 1, \quad \forall k \tag{4-3}$$

$$\sum_{j=1}^{n} X_{ijk} \leqslant a_{ik}, \quad \forall k, i \in \{1,2,\cdots,n\}, i \neq j \tag{4-4}$$

$$\sum_{k=1}^{m}\sum_{i=0}^{n} X_{ijk} \leqslant 1, \quad \forall j, i \neq j \tag{4-5}$$

$$\sum_{k=1}^{m}\sum_{i=0}^{n}\sum_{j=1}^{n} X_{ijk} = n, \quad i \neq j \tag{4-6}$$

$$\sum_{i=0}^{n} X_{ijk} \geqslant \sum_{h=1}^{n} X_{jhk}, \quad \forall k, \quad j \in \{1,2,\cdots,n\}, i \neq j, j \neq h \tag{4-7}$$

$$C_i + p_{jk} + S_{ijk} - L \times (1 - X_{ijk}) \leqslant C_j, \quad \forall k, i, j \in \{1,2,\cdots,n\}, i \neq j \tag{4-8}$$

$$C_i + p_{jk} + S_{ijk} \leqslant C_j, \quad \forall k, i, j \in \{1,2,\cdots,n\}, i \neq j \tag{4-9}$$

$$C_i \leqslant C_{\max}, \quad \forall i \tag{4-10}$$

$$p_{ik}^{L} \leqslant p_{ik} \leqslant p_{ik}^{U}, \quad \forall k, i \in \{1,2,\cdots,n\} \tag{4-11}$$

公式(4-1)和公式(4-2)说明了该问题的优化目标是同时最小化最大完工时间和额外资源消耗；公式(4-3)确保了虚拟工件 0 需优先于其他工件在机器上进行加工，随后其他工件才能依次进行加工；公式(4-4)确保了每台机器只能加工一个工件，且这台机器能够加工这个工件；公式(4-5)确保了在同一机器上加工另一个工件前最多存在一个工件；公式(4-6)保证了所有工件都必须在机器上进行加工；公式(4-7)说明了工件 i 只能被一台机器加工；公式(4-8)和公式(4-9)共同保证了只有前一工件完成后机器才能对当前工件进行加工，中间无闲置时间且工件满足无中断约束；公式(4-10)定义了最大完工时间；公式(4-11)给出了加工时间的约束范围。

该问题的求解目标是确定工件在机器上的分配任务及工件在每台机器上的排序，以便找到同时最小化最大完工时间和额外资源消耗的折中解。我们知道，最大完工时间指标下的经典并行机调度问题已是 NP 难问题，加工时间可控的并行机调度问题更是一个 NP 难问题。显然，传统精确算法很难在有效时间内求得该类大规模问题的最优解，而元启发式算法对求解这类组合优化问题是十分可行有效的。所以，本章设计了高效的混合算法来求解该类问题。

4.3 基于混合 GA-VOA 求解加工时间可控的并行机调度问题

4.3.1 VOA 简介

GA 的主要步骤不在这里阐述,有关 GA 的介绍见 3.3.1 小节。在这里主要阐述病毒优化算法(virus optimization algorithm,VOA)。VOA 是由学者 Wang 等人于 2009 年提出来的一种模拟病毒攻击宿主细胞行为的优化方法[2]。在病毒攻击宿主细胞过程中,病毒通过复制操作产生新病毒来高效地定位至细胞源。当病毒锁定细胞核后,它会造成宿主细胞的死亡。VOA 的原理简单,实施起来较为容易。同时,它能快速找到复杂问题的近似解甚至是最优解,而传统方法难以解决这类复杂问题。2015 年,Liang 等人在原有 VOA 的基础上提出了一种新的改进版本[3],新版本 VOA 与原有 VOA 主要有以下几点不同:① 新版本 VOA 具有更少的参数,在不影响算法性能的情况下,参数数目从 12 个减少到 5 个;② 新版本 VOA 具有较强的鲁棒性;③ 新版本 VOA 的搜索能力得到了显著的提升。

VOA 是受到病毒攻击宿主细胞行为的启发而发展起来的一种优化算法。因此,VOA 与病毒攻击宿主细胞行为之间存在着一定的类比关系,其类比关系如下:第一,在 VOA 中,细胞被当作问题的可行解空间。第二,全局最优解在这些可行解空间之中,同理,细胞核代表最优解的位置,细胞核可合成细胞复制所需的蛋白质。第三,VOA 用户需确定共存于宿主细胞的病毒数目,病毒寄宿的细胞位置代表一个完整的解。也就是说,对于一个具有 n 维变量的优化问题,根据变量维度上的值将确定出病毒的位置。第四,病毒复制,VOA 将触发病毒与宿主细胞之间的相互作用。具体地来说,这些病毒将通过复制操作产生新的病毒。在第四个类比中,考虑了两种病毒:强病毒和普通病毒。强病毒具有良好的结构(它寄宿的细胞具有较高的适应度值),而普通病毒具有较劣的结构(它寄宿的细胞具有较低的适应度值)。由于强病毒能高效地开采(exploit)出更多的细胞,因此强病毒以较高的概率被复制。普通病毒致力于探索(explore)新细胞(解空间),而强病毒致力于杀死细胞(开采已发现较好解的区域),并采用一个随机扰动操作来产生靠近强病毒且远离普通病毒的新病毒。对于强病毒与普通病毒来说,这种干扰机制产生的效果是不同的。第五,组织的免疫系统,其作用是产生抗体以阻止病毒的复制。在 VOA 中,这个系统就是抗病毒机制,其作用是阻止病毒攻击宿主细胞,抗病毒机制会消灭某些病毒个体,由于普通病毒具有较劣的基因结构(取决于目标函数值),因此普通病毒很可能被消灭。但是复制操作紧随于产生新病毒之后,某些个体也许优于上一代的个体。除非复制过程中产生了更强病毒个体(即产生了更好的解)或者细胞被消灭(即找到了全局最优解),

否则抗病毒毒素经过几次复制循环后很可能会消灭病毒,但是某些强病毒是不会被淘汰的。也就是说,除非强病毒从强病毒成员中移除并被划归于普通病毒成员,否则抗病毒毒素是不会杀死任何强病毒的。图 4-1 所示为 VOA 的流程示意图。

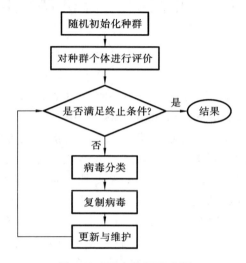

图 4-1 VOA 流程示意图

病毒优化算法主要包含四个步骤:① 初始化;② 复制;③ 更新和维护;④ 停止。具体步骤如下所示。

Step 1:初始化。首先随机初始化病毒种群,然后对这些病毒种群进行评价。

Step 2:复制。

Step 2.1:病毒分类。根据适应度值,将病毒划分为强病毒和普通病毒。表 4-1 中的实例说明了病毒分类的规则。初始化种群由 5 个病毒个体构成,根据目标函数值(从最优到最差)对种群个体进行排序。假设优化目标为最小化某函数值,强病毒数目为 2,其余个体均为普通病毒。

表 4-1 病毒分类举例

分类	排序	维度				目标函数值
		1	2	…	n	
强病毒	1	SV_{11}	SV_{12}	…	SV_{1n}	10
强病毒	2	SV_{21}	SV_{22}	…	SV_{2n}	20
普通病毒	3	CV_{11}	CV_{12}	…	CV_{1n}	30
普通病毒	4	CV_{21}	CV_{22}	…	CV_{2n}	40
普通病毒	5	CV_{31}	CV_{32}	…	CV_{3n}	50

Step 2.2:病毒复制。根据公式(4-12)和公式(4-13),新产生的病毒存储在临时矩阵中。

$$NV_{ij} = SV_{ij} \pm \frac{rand}{intensity} \times SV_{ij} \qquad (4\text{-}12)$$

$$NV_{ij} = CV_{ij} \pm rand \times CV_{ij} \qquad (4\text{-}13)$$

式中：下脚标 i 和 j 表示第 i 个病毒和该病毒上的第 j 个变量；NV_{ij} 表示新病毒；SV_{ij} 和 CV_{ij} 分别表示强病毒和普通病毒；rand 表示 $[0,1]$ 区间上的随机数。

公式（4-12）中的 intensity 的作用是降低随机干扰。在复制的初期阶段，intensity 的值为 1，这表明在初期随机干扰是一个均匀的概率事件。在种群质量没有得到改善前，intensity 的值是增加的。公式（4-12）和公式（4-13）可使算法达到一种全局探索和局部寻优的平衡。图 4-2 进一步阐述了新病毒产生的规则。

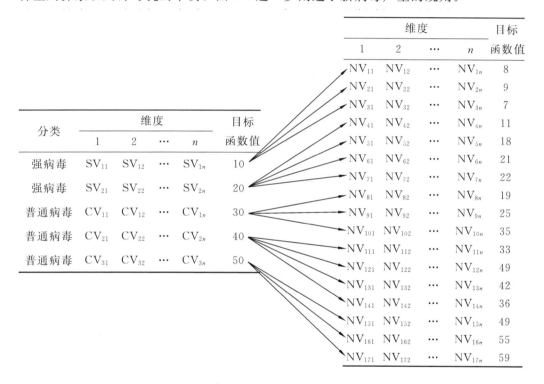

图 4-2　储存在矩阵中的病毒复制后产生的新病毒

Step 3：更新和维护。

Step 3.1：局部寻优机制。该步骤的作用是在当前较好解的周围搜寻更高质量的解。局部寻优机制是否继续执行取决于当前种群的质量，若当前种群的平均适应度值还没有得到改善，需增加 intensity 的值，以实现局部寻优操作。

Step 3.2：种群维护机制。该机制也被称为抗病毒操作，在每次病毒复制过程中该机制都会杀死一定数量的病毒。根据公式（4-14），可确定需要淘汰的病毒数量，那些普通病毒（适应度值较差的个体）将被淘汰，直到满足给定的数目要求为止。

$$amount = rand(0, populationSize - strongSize) \qquad (4\text{-}14)$$

式中:populationSize 表示种群数量大小;strongSize 表示强病毒数量大小。

Step 4:停止。如果不能满足停止条件,则增加复制次数并执行以上循环;否则停止循环,并输出最优病毒(最优结果)。

4.3.2 基于混合 GA-VOA 的 MODVOA 算法

本书结合 GA 的强全局搜索能力与 VOA 的强局部搜索能力,提出了一种基于混合 GA-VOA 的 MODVOA 算法来求解并行机调度问题。图 4-3 展示了 MODVOA 的基本流程框架,主要包括编码与解码、初始化、复制以及维护等操作。

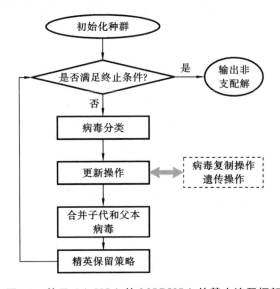

图 4-3 基于 GA-VOA 的 MODVOA 的基本流程框架

本章的并行机调度问题是一个多目标调度优化问题,而且也是 NP 难问题,而原始 VOA 主要用来求解单目标连续优化问题,因此,本章提出了一种基于 VOA 的多目标离散元启发式算法,用来求解加工时间可控的并行机调度问题,其主要步骤如下。

Step 1:初始化。根据编码机制和种群初始化策略,产生初始病毒。依据最大完工时间和额外资源消耗指标来评价这些病毒种群,并根据快速非支配排序方法对病毒种群进行排序。

Step 2:复制步骤。

Step 2.1:病毒分类。本章所研究问题中病毒分类与单目标问题中病毒分类的步骤不同。本章病毒分类的操作如下。如果病毒种群含有多个非支配层水平(即秩),病毒可以被划分为两大类:非支配解集(强病毒)和支配解集(普通病毒)。否则病毒全是非支配解集。在这种情况下,病毒随机地被划分为强病毒和普通病毒。

Step 2.2:病毒复制。VOA 根据强病毒和普通病毒信息可生成新的病毒。因为每个病毒均包含了两层信息，所以采用混合算子来更新病毒的不同部分。

Step 3：更新和维护。

Step 3.1：更新探索机制。这种机制与原始 VOA 中的更新探索机制不同。在多目标优化问题中，由于一个指标的改善会导致另一个指标的恶化，所以平均适应度的概念不能直接应用在多目标优化问题中。但是，加工时间的可控性为获取高质量解提供了方便，从而改善了生产系统的整体性能。因此，本书利用了问题的属性来加强算法的寻优探索机制。

Step 3.2：种群维护机制。该机制基于公式(4-14)和精英保留策略[4]，被淘汰的病毒数不是动态变化的，而是一个固定的常数。种群大小为 N 的父本种群 P_t 和相同大小的子代种群 Q_t 合并为一个大小为 $2N$ 的混合种群 R_t。然后评价混合种群 R_t，并根据非支配排序和拥挤距离技术，选择出前 N 个较好的个体作为下一次迭代更新的父本。显然，给定的淘汰病毒数为 N。

Step 4：停止。如果算法满足停止条件，则停止搜索并返回非支配解；否则继续搜索。

4.3.2.1 编码与解码

编码是优化调度问题的首要任务，传统并行机调度问题存在两种编码方式：① 扩展顺序表达方式，这是 Cheng 等[5]针对带有准备时间的并行机调度问题提出的一种编码方式。② 分段编码方式，其原理是把每个个体长度划分为两层，第一层表示每台机器加工的工件编号，第二层表示每台机器上的加工任务总数，其染色体可描述如下：

$$\{L_{11}, L_{12}, \cdots, L_{1k_1}, L_{21}, L_{22}, \cdots, L_{2k_2}, \cdots, L_{m1}, L_{m2}, \cdots, L_{mk_m} | k_1, k_2, \cdots, k_m\}$$

(4-15)

其中：L_{kj} 表示机器 k 上第 j 次加工的工件编号；k_m 表示在机器 m 上待加工工件的总数；$k \in \{1, 2, \cdots, m\}$；$j \in \{1, 2, \cdots, k_k\}$；$L_{kj} \in \{1, 2, \cdots, n\}$；且需满足 $\sum_{k=1}^{m} k_k = 1$。

尽管以上编码机制可以产生合法解，但是这些编码机制具有较大的随机性，将会导致解空间的冗余信息增大。此外，根据本章问题的特点，每个解需包含工件在机器上的分配信息和每个工件的加工时间信息。因此，本书采用了一种双层编码机制的解表达方式。其中，第一层代表工件在机器上的分配及排序情况，该层基于工件排序编码，遵循工件先来先加工，机器空闲就分配到该机器的原则来进行分配及排列；第二层代表工件依次从 J_1 到 J_n 的实际加工时间，其染色体可描述如下：

$$\{J_{[1]}, J_{[2]}, \cdots, J_{[n]} | p_1, p_2, \cdots, p_n\}$$

(4-16)

其中：$J_{[i]}$ 表示工件全排列的第 i 位置上的工件；p_i 表示工件 J_i 在相关机器上的实际加工时间。

为了解释本章采用的编码方式，假设问题的工件数 $n=10$，机器数 $m=3$，$\pi=$

[4,1,10,2,5,8,6,3,7,9]为该问题中的一个工件排序。然后根据最早完成时间(early completion time,ECT)规则[6],构建编码与可行解之间的映射关系。该问题考虑了各工件加工时间及依赖工件序列的准备时间,如表4-2所示。

表4-2 准备时间与加工时间实例

工件	准备时间										实际加工时间		
	1	2	3	4	5	6	7	8	9	10	机器1	机器2	机器3
1	—	1	4	3	1	6	2	5	2	1	11	20	—
2	2	—	2	5	2	4	4	3	4	2	14	—	18
3	9	8	—	8	6	3	5	4	2	8	10	9	14
4	7	4	6	—	5	1	5	7	1	3	—	17	13
5	3	5	8	4	—	5	4	2	7	7	—	10	—
6	3	3	7	9	7	—	2	2	4	2	5	—	20
7	4	1	2	3	2	4	—	6	5	3	—	7	—
8	2	7	8	7	8	6	1	—	6	7	—	13	5
9	8	4	7	4	6	2	4	1	—	5	12	18	12
10	2	7	6	1	4	6	7	9	1	—	19	6	—

表中,符号"—"表示工件不可在对应机器上加工。为了方便解释这个编码方案,在这个实例中假设加工时间是固定的(实际情况中工件加工时间是可变化的)。对工件排序 $\pi=[4,1,10,2,5,8,6,3,7,9]$ 执行最早完工时间规则,可推导出机器1上的工件总数 $T_1=3$,机器2上的工件总数 $T_2=4$,机器3上的工件总数 $T_3=3$;机器1上的工件排序 $\pi_{T(1)}=[1,2,6]$,机器2上的工件排序 $\pi_{T(2)}=[10,5,3,7]$,机器3上的工件排序 $\pi_{T(3)}=[4,8,9]$。图4-4给出了解对应的甘特图。

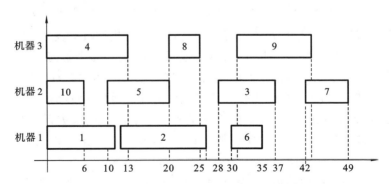

图4-4 $\pi=[4,1,10,2,5,8,6,3,7,9]$ 对应的甘特图(横坐标为加工时间)

4.3.2.2 种群初始化

为了提高初始种群的质量和多样性,本章采用了最早完工时间启发式方法生成一个高质量的初始个体,然后基于变换操作方式生成50%的优良种群,剩余的种群则随机产生[7]。

4.3.2.3 病毒复制

正如前所述,若病毒种群含有多个非支配水平层,则将病毒种群划分为两组:① 强病毒(非支配解集);② 普通病毒(支配解集)。否则种群均处于非支配层,在这种情况下,随机将种群(非支配种群)成员划分为强病毒和普通病毒两类。不同类型病毒具有不同的搜索机制,以此实现算法的全局探索与局部寻优之间的平衡。对于强病毒成员,采用局部搜索来提高病毒成员的质量;对于普通病毒,采用全局搜索机制(如遗传算子)来加强种群的多样性。因为本章研究的问题是一个组合优化问题,所以原始的病毒复制算子不能直接应用在该问题中。本书采用的方法是,首先运用二元锦标赛选择(binary tournament selection,BTS)方法从病毒种群中选择一个病毒,若该病毒属于强病毒,则执行强病毒操作;否则执行普通病毒操作。以下分别阐述了针对强病毒与普通病毒的操作算子。

1. 强病毒

对强病毒只进行微调操作,在此处只对工件的加工时间进行调整,而不改变工件的排序。强病毒生成新病毒的步骤如下。

Step 1:首先基于工件权重的非升序排序,对每台机器上的工件进行优先级排序;然后根据工件的权重大小顺序依次扫描每台机器上的工件。

Step 2:对于每台机器,计算最大完工时间与当前机器完工时间的差值,记为 spare time。如果 spare time=0 则执行 Step 3;否则执行如下操作:按照工件权重的优先级关系,首先计算出权重最大工件的可释放时间,记为 available release time。然后取 spare time 与 available release time 中的较小值作为当前工件的实际释放时间 release time,即 release time=min(spare time,available release time),并更新当前机器上该工件及后续工件的开始时间和完工时间。同时,重新计算当前机器对应的完工时间差,即 spare time=spare time−release time。如果 spare time>0,则对权重第二大的工件执行以上操作,直到 spare time≤0。否则,依次扫描机器上其他工件(基于工件权重的优先级关系的顺序扫描)并执行以上操作。

Step 3:对下一台机器执行 Step 2,若机器的 spare time≤0,则终止扫描;否则,直到扫描完所有机器上的工件为止。

图4-5解释了针对强病毒的这种微调操作,其中工件排序 $\boldsymbol{\pi}$=[4,1,10,2,5,8,6,3,7,9]。根据 ECT 规则,选择工件要分配的机器。机器1上的工件排序 $\boldsymbol{\pi}_{T(1)}$=[1,2,6],机器2上的工件排序 $\boldsymbol{\pi}_{T(2)}$=[10,5,3,7],机器3上的工件排序 $\boldsymbol{\pi}_{T(3)}$=

[4,8,9]。假设工件1到工件10的权重依次为[0.2,0.3,0.1,0.5,0.4,0.6,0.5, 0.9,0.1,0.1],则根据权重大小进行排序,机器1上的工件扫描顺序为[6,2,1]。计算最大完工时间与当前机器的完工时间的差,即 spare time＝49－35＝14,假设该机器上工件6的加工时间取值范围为[4,17],它在机器1上的实际加工时间为5。因此,工件6的可释放时间 available release time＝17－5＝12。然后取 spare time 与 available release time 的较小值,即实际释放时间 release time＝min(spare time, available release time)＝12,更新当前工件的完工时间(此时的完工时间为47)、后续工件的开始时间及完工时间,同时计算当前机器的 spare time＝2。而机器1上的工件1和工件2的加工时间已经取其上限了,无释放时间。再扫描机器2上的工件,因为机器2的 spare time＝0,所以直接扫描机器3上的工件。计算机器3的 spare time＝6。根据扫描规则,首先扫描工件8,假设机器3上工件6的加工时间取值范围为[4,8],实际加工时间为5,可释放时间为3,并更新当前工件及后续工件(即工件9)的开始时间和完工时间,此时机器3的 spare time＝3。然后扫描工件4,其可释放时间为3,并更新当前工件及后续工件的各项时间,正好此时的 spare time＝0,终止扫描。

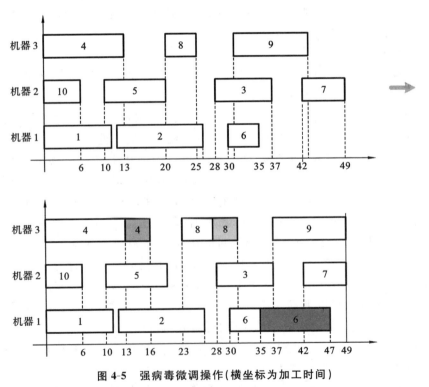

图4-5 强病毒微调操作(横坐标为加工时间)

但是这种策略会导致工件加工时间不断延长,最终使最大完工时间目标恶化。同时,随着问题规模的增大,该策略的计算时间也会呈指数增长。为了防止此类问题的出现，可在算法搜索的后期对种群实施该策略，一方面降低最大完工时间目标值，另一方面有效地缩短计算时间。本章中，搜索的后期为种群寻优的最后一次迭代。

2. 普通病毒

普通病毒产生新病毒的步骤如下。

普通病毒的作用在于探索未知区域的细胞，因此它们具有较强的全局搜索能力。交叉操作主要是为了产生新子代，同时尽可能地保留基因的有效模式，以此提高算法的搜索能力。交叉操作是 GA 中的关键步骤，很多交叉方法在 GA 中已经得到较好的应用，如 DEB 等[4]提到的不同交叉方法。本章结合问题的特征，主要采用部分匹配交叉[8]和换位变异操作。其具体步骤如下。

1）部分匹配交叉（作用于工件序列部分）

Step 1：子串选择。随机生成两个交叉点，定义两点之间的区域为匹配区域。如图 4-6 所示，随机产生两个交叉点，即位置 3 和位置 6 上的点；然后定义这两点之间的区域（深色部分区域）为匹配区域。

父本1	1	2	3	4	5	6	7	8	9	10
父本2	5	4	6	9	2	1	7	8	3	10

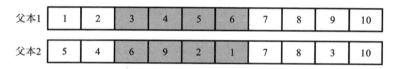

图 4-6　子串选择

Step 2：子串交换。交换两个父代的子串区域，产生临时子代，如图 4-7 所示。

子代1	1	2	6	9	2	1	7	8	9	10
子代2	5	4	3	4	5	6	7	8	3	10

图 4-7　子串交换

Step 3：确定匹配列表。基于选择的子串，确定匹配关系。其映射关系如图 4-8 所示。

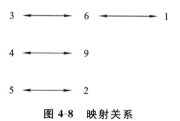

图 4-8　映射关系

Step 4：子代合法化。依据匹配关系对原始子代进行合法化处理，如图 4-9 所示。

2）调整加工时间（作用于时间矩阵部分）

在相同工件序列情况下，具有不同加工时间矩阵的解会产生不同的最大完工时间和额外资源成本。为了保证算法搜索空间的多样性，有必要设置不同的加工时间。

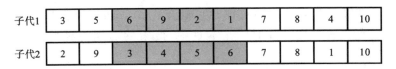

图 4-9　子代合法化

在这里,对时间矩阵部分的数据进行了重新调整,并保证了这些加工时间的合理性。对时间矩阵的调整规则如下:

$$p_{ij} = p_{ij}^{L} + \text{randInt}(p_{ij}^{U} - p_{ij}^{L}) \qquad (4-17)$$

式中:p_{ij}^{L} 为工件 i 在机器 j 上的加工时间的下限;p_{ij}^{U} 表示工件 i 在机器 j 上的加工时间的上限;p_{ij} 表示工件 i 在机器 j 上的实际加工时间。

图 4-10 展示了这个时间矩阵调整过程,假设有 4 个工件在 3 台不相关并行机上进行分配且加工。工件 1 和工件 4 都在机器 1 上进行加工,对应的实际加工时间分别为 4 和 2;工件 2 在机器 3 上进行加工且实际加工时间为 8;工件 3 在机器 2 上进行加工,对应的实际加工时间为 3。加工时间调整(对工件 1 和工件 3 的加工时间进行调整)之后,工件 1 在机器 1 上的实际加工时间为 5,工件 3 在机器 2 上的实际加工时间为 2。

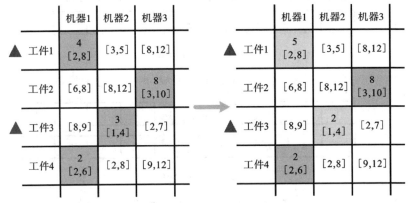

图 4-10　时间矩阵调整过程

4.4　数值实验

上述的混合 GA-VOA 多目标进化算法通过 Java 语言实现,实验运行配置为 Intel Core i5,主频 2.39 GHz,内存 4 GB 及 Windows 8 操作系统。

4.4.1　测试问题

为了测试不同算法的性能,需要提供不同规模问题。加工时间可控的不相关并行机调度测试问题是随机产生的。表4-3展示了问题的数据集分布。问题标记为"n_m",例如"10_5"表示工件数为10、机器数为5规模大小的加工时间可控的并行机调度问题,其中将工件在机器上的最大加工时间看作正常加工时间。

表 4-3 数据集分布

参 数 输 入	分　布
工件数量(n)	10、30、50、80、100、200
最小加工时间(p_i^L)	DU(2,10)
最大加工时间,即正常加工时间(p_i^U)	DU(p_i^L,40+p_i^L)
单位压缩成本(u_i)	U(0,1)
机器数(m)	5、6、7、8、9、10

4.4.2　参数设置

一般来说,不同参数配置会直接影响算法优化问题的性能。因此,为了测试不同参数配置的算法性能,进行了大量的对比实验。在实验中,大多数参数是固定值,然而一些参数对问题的规模很敏感,如种群大小和函数评价次数等。为了公平地进行比较,所有多目标进化算法均采用了相同的最大函数评价次数,参数设置如表4-4所示。每种算法在每个问题上独立运行30次。

表 4-4　MODVOA、NSGA-Ⅱ、SPEA2 及 MODVOA 参数设置

算法名称	参　数　设　置
MODGWO	种群和文档大小:50;最大函数评价次数:50000(工件数为30,小规模) 种群和文档大小:80;最大函数评价次数:80000(工件数为50和70,中等规模) 种群和文档大小:100;最大函数评价次数:100000(工件数为90和100,大规模) 交叉概率:0.9 变异概率:0.2
NSGA-Ⅱ	种群大小:50;最大函数评价次数:50000(工件数为30,小规模) 种群大小:80;最大函数评价次数:80000(工件数为50和70,中等规模) 种群大小:100;最大函数评价次数:100000(工件数为90和100,大规模) 交叉概率:0.9 变异概率:0.2
SPEA2	种群和文档大小:50;最大函数评价次数:50000(工件数为30,小规模) 种群和文档大小:80;最大函数评价次数:80000(工件数为50和70,中等规模) 种群和文档大小:100;最大函数评价次数:100000(工件数为90和100,大规模) 交叉概率:0.9 变异概率:0.2

续表

算法名称	参数设置
MODVOA	种群和文档大小：50；最大函数评价次数：50000（工件数为30，小规模） 种群和文档大小：80；最大函数评价次数：80000（工件数为50和70，中等规模） 种群和文档大小：100；最大函数评价次数：100000（工件数为90和100，大规模） 交叉概率：0.9 变异概率：0.2

4.4.3 实验结果

为了验证 MODVOA 的有效性，将 MODVOA 与其他多目标进化算法（如 NSGA-Ⅱ、SPEA2 及 MODGWO）进行了实验对比。表 4-5 到表 4-7 记录了这些算法获得的统计结果，这些表中最后一行统计了对应性能指标的获胜率，如 3/30 表示对应算法在 30 个问题中的 3 个问题上是优于其竞争算法的，表中的最优结果均以加粗形式突出显示。

表 4-5　NSGA-Ⅱ、SPEA2、MODGWO 及 MODVOA 获得的 GD 指标的平均值和标准差

问题	NSGA-Ⅱ 平均值/标准差	SPEA2 平均值/标准差	MODGWO 平均值/标准差	MODVOA 平均值/标准差	显著 水平
30_5	1.36e−02/1.4e−03	1.51e−02/3.3e−03	2.52e−02/6.5e−03	**1.04e−02/4.4e−03**	+
30_6	1.30e−02/2.6e−03	1.24e−02/2.4e−03	2.30e−02/1.3e−02	**8.51e−03/2.3e−03**	+
30_7	1.20e−02/2.5e−03	1.21e−02/1.9e−03	1.60e−02/2.9e−03	**7.50e−03/1.3e−03**	+
30_8	1.36e−02/2.4e−03	1.34e−02/2.6e−03	1.98e−02/5.6e−03	**1.09e−02/2.4e−03**	+
30_9	1.27e−02/5.2e−03	1.16e−02/1.8e−03	1.89e−02/4.8e−03	**9.12e−03/1.6e−03**	+
30_10	1.84e−02/3.7e−03	1.81e−02/4.5e−03	2.23e−02/5.8e−03	**1.17e−02/3.2e−03**	+
50_5	**1.07e−02/3.7e−03**	1.47e−02/2.8e−03	2.25e−02/3.4e−03	1.14e−02/4.2e−03	=
50_6	1.12e−02/2.9e−03	1.18e−02/4.6e−03	2.30e−02/2.2e−03	**1.01e−02/2.2e−03**	=
50_7	1.17e−02/3.1e−03	1.06e−02/4.5e−03	2.16e−02/4.9e−03	**9.72e−03/1.3e−03**	+
50_8	8.37e−03/5.1e−03	**7.06e−03/3.7e−03**	1.68e−02/4.3e−03	9.40e−03/2.3e−03	−
50_9	1.21e−02/3.8e−03	1.29e−02/4.2e−03	2.53e−02/7.0e−03	**9.15e−03/2.0e−03**	+
50_10	8.08e−03/3.2e−03	**7.12e−03/2.6e−03**	1.73e−02/3.3e−03	7.95e−03/2.5e−03	−
70_5	7.71e−03/3.2e−03	8.40e−03/2.4e−03	1.52e−02/4.0e−03	**6.87e−03/1.4e−03**	+
70_6	7.02e−03/3.1e−03	**6.56e−03/2.6e−03**	1.44e−02/2.9e−03	7.71e−03/2.4e−03	−
70_7	6.82e−03/1.5e−03	**6.50e−03/3.5e−03**	1.42e−02/2.5e−03	9.27e−03/2.4e−03	−
70_8	**6.66e−03/2.5e−03**	6.99e−03/2.8e−03	1.66e−02/4.2e−03	9.49e−03/1.7e−03	−
70_9	**7.17e−03/2.6e−03**	7.81e−03/3.4e−03	1.48e−02/3.1e−03	9.23e−03/2.4e−03	−
70_10	9.03e−03/3.2e−03	**7.92e−03/3.1e−03**	1.61e−02/2.8e−03	8.17e−03/1.7e−03	−

续表

问题	NSGA-Ⅱ 平均值/标准差	SPEA2 平均值/标准差	MODGWO 平均值/标准差	MODVOA 平均值/标准差	显著水平
90_5	5.76e−03/2.5e−03	**4.85e−03/2.1e−03**	1.17e−02/2.0e−03	6.28e−03/1.8e−03	−
90_6	6.97e−03/2.4e−03	**5.62e−03/3.0e−03**	1.52e−02/2.6e−03	7.00e−03/1.2e−03	−
90_7	**5.86e−03/2.5e−03**	6.44e−03/2.4e−03	1.17e−02/2.0e−03	8.07e−03/2.2e−03	−
90_8	**6.92e−03/3.0e−03**	8.20e−03/2.8e−03	1.47e−02/2.2e−03	8.68e−03/1.5e−03	−
90_9	5.70e−03/2.6e−03	**5.55e−03/2.0e−03**	1.16e−02/2.9e−03	5.92e−03/1.8e−03	=
90_10	**6.38e−03/3.4e−03**	6.94e−03/3.1e−03	1.39e−02/2.6e−03	9.32e−03/1.7e−03	−
100_5	7.47e−03/2.9e−03	8.87e−03/1.7e−03	1.39e−02/2.5e−03	**7.47e−03/2.2e−03**	=
100_6	**5.37e−03/2.4e−03**	6.08e−03/1.4e−03	1.31e−02/2.3e−03	6.47e−03/1.5e−03	−
100_7	**5.27e−03/1.3e−03**	5.63e−03/2.5e−03	1.34e−02/1.6e−03	8.27e−03/1.2e−03	−
100_8	5.56e−03/2.6e−03	**5.54e−03/2.3e−03**	1.43e−02/1.6e−03	7.87e−03/2.7e−03	−
100_9	5.54e−03/2.4e−03	**5.41e−03/1.2e−03**	1.16e−02/2.0e−03	6.65e−03/9.5e−04	−
100_10	**6.46e−03/3.4e−03**	8.65e−03/2.7e−03	1.29e−02/1.9e−03	7.62e−03/1.1e−03	−
获胜率	9/30	10/30	0/30	11/30	

表4-6 NSGA-Ⅱ、SPEA2、MODGWO 及 MODVOA 获得的 Spread 指标的平均值和标准差

问题	NSGA-Ⅱ 平均值/标准差	SPEA2 平均值/标准差	MODGWO 平均值/标准差	MODVOA 平均值/标准差	显著水平
30_5	1.35e+00/5.8e−02	1.37e+00/5.8e−02	1.32e+00/5.6e−02	**1.22e+00/7.8e−02**	=
30_6	1.35e+00/5.3e−02	1.33e+00/5.0e−02	**1.31e+00/1.1e−01**	1.32e+00/6.1e−02	+
30_7	1.34e+00/7.2e−02	1.36e+00/4.6e−02	**1.29e+00/8.7e−02**	1.36e+00/6.6e−02	=
30_8	1.39e+00/5.5e−02	1.37e+00/7.3e−02	**1.36e+00/9.8e−02**	1.48e+00/7.2e−02	−
30_9	1.36e+00/6.6e−02	**1.33e+00/3.1e−02**	1.35e+00/6.0e−02	1.52e+00/5.2e−02	+
30_10	1.40e+00/4.8e−02	**1.35e+00/7.4e−02**	1.35e+00/7.5e−02	1.53e+00/5.5e−02	−
50_5	1.28e+00/6.6e−02	1.31e+00/5.0e−02	1.33e+00/5.6e−02	**1.22e+00/1.1e−01**	+
50_6	**1.26e+00/5.7e−02**	1.27e+00/6.9e−02	1.28e+00/3.2e−02	1.31e+00/8.6e−02	=
50_7	**1.27e+00/4.4e−02**	1.29e+00/7.7e−02	1.36e+00/7.1e−02	1.34e+00/1.3e−01	+
50_8	**1.25e+00/7.6e−02**	1.28e+00/5.6e−02	1.32e+00/6.0e−02	1.39e+00/6.6e−02	=
50_9	**1.29e+00/4.6e−02**	1.29e+00/8.4e−02	1.30e+00/1.0e−01	1.46e+00/1.2e−01	=
50_10	1.28e+00/9.5e−02	**1.23e+00/6.1e−02**	1.24e+00/7.0e−02	1.48e+00/8.4e−02	=
70_5	1.23e+00/7.3e−02	**1.20e+00/5.9e−02**	1.23e+00/4.5e−02	1.23e+00/1.3e−01	=
70_6	1.21e+00/4.6e−02	**1.20e+00/5.3e−02**	1.22e+00/3.4e−02	1.24e+00/1.4e−01	+
70_7	1.24e+00/5.6e−02	**1.22e+00/6.9e−02**	1.26e+00/4.9e−02	1.42e+00/1.3e−01	=
70_8	1.19e+00/5.7e−02	**1.17e+00/5.9e−02**	1.23e+00/5.4e−02	1.39e+00/8.7e−02	−

问题	NSGA-Ⅱ 平均值/标准差	SPEA2 平均值/标准差	MODGWO 平均值/标准差	MODVOA 平均值/标准差	显著 水平
70_9	1.22e+00/4.3e−02	**1.19e+00/7.1e−02**	1.27e+00/4.3e−02	1.38e+00/1.3e−01	−
70_10	1.23e+00/4.2e−02	**1.22e+00/6.8e−02**	1.26e+00/4.1e−02	1.43e+00/1.1e−01	−
90_5	**1.17e+00/5.1e−02**	1.18e+00/6.6e−02	1.21e+00/5.3e−02	1.25e+00/8.4e−02	−
90_6	1.16e+00/5.8e−02	**1.14e+00/5.3e−02**	1.19e+00/3.4e−02	1.36e+00/9.2e−02	−
90_7	1.17e+00/5.2e−02	1.18e+00/5.0e−02	1.22e+00/5.0e−02	1.32e+00/5.6e−02	−
90_8	1.19e+00/5.6e−02	**1.19e+00/5.0e−02**	1.22e+00/3.1e−02	1.36e+00/1.0e−01	−
90_9	1.16e+00/3.5e−02	**1.16e+00/4.3e−02**	1.18e+00/5.8e−02	1.38e+00/7.7e−02	−
90_10	1.20e+00/6.1e−02	**1.18e+00/5.3e−02**	1.22e+00/4.7e−02	1.42e+00/1.3e−01	−
100_5	1.19e+00/4.4e−02	1.19e+00/3.7e−02	**1.18e+00/3.9e−02**	1.21e+00/1.1e−01	−
100_6	**1.14e+00/5.6e−02**	1.15e+00/4.2e−02	1.19e+00/3.5e−02	1.33e+00/1.4e−01	−
100_7	**1.13e+00/5.9e−02**	1.14e+00/5.4e−02	1.18e+00/3.7e−02	1.31e+00/1.8e−01	−
100_8	1.18e+00/4.8e−02	1.21e+00/5.6e−02	1.18e+00/3.7e−02	1.45e+00/1.5e−01	−
100_9	1.18e+00/5.3e−02	**1.15e+00/3.1e−02**	1.18e+00/4.9e−02	1.42e+00/9.1e−02	−
100_10	1.17e+00/4.5e−02	1.20e+00/5.2e−02	1.22e+00/3.8e−02	1.51e+00/1.0e−01	−
获胜率	9/30	14/30	5/30	2/30	

表 4-7　NSGA-Ⅱ、SPEA2、MODGWO 及 MODVOA 获得的 IGD 指标的平均值和标准差

问题	NSGA-Ⅱ 平均值/标准差	SPEA2 平均值/标准差	MODGWO 平均值/标准差	MODVOA 平均值/标准差	显著 水平
30_5	2.03e−02/2.4e−03	2.05e−02/2.5e−03	2.54e−02/1.7e−03	**6.44e−03/1.9e−03**	+
30_6	1.92e−02/2.0e−03	2.08e−02/3.4e−03	2.19e−02/2.1e−03	**6.92e−03/2.1e−03**	+
30_7	2.00e−02/2.7e−03	2.07e−02/1.5e−03	2.33e−02/3.1e−03	**7.79e−03/1.1e−03**	+
30_8	1.84e−02/1.2e−03	1.97e−02/3.4e−03	2.19e−02/2.2e−03	**7.69e−03/8.5e−04**	+
30_9	2.32e−02/2.7e−03	2.43e−02/3.0e−03	2.47e−02/2.0e−03	**9.05e−03/2.5e−03**	+
30_10	2.59e−02/3.0e−03	2.90e−02/4.9e−03	2.96e−02/4.7e−03	**9.86e−03/2.2e−03**	+
50_5	1.74e−02/2.5e−03	1.74e−02/1.6e−03	2.11e−02/1.6e−03	**7.37e−03/2.6e−03**	+
50_6	2.44e−02/2.0e−03	2.38e−02/2.7e−03	2.64e−02/1.8e−03	**8.13e−03/1.9e−03**	+
50_7	1.77e−02/1.6e−03	1.65e−02/1.7e−03	1.90e−02/2.0e−03	**7.07e−03/1.0e−03**	+
50_8	1.54e−02/1.5e−03	1.47e−02/1.9e−03	1.68e−02/1.1e−03	**6.47e−03/1.8e−03**	+
50_9	1.95e−02/1.9e−03	1.98e−02/2.4e−03	2.21e−02/1.6e−03	**7.59e−03/1.5e−03**	+
50_10	1.56e−02/2.9e−03	1.62e−02/2.1e−03	1.83e−02/1.0e−03	**6.30e−03/1.7e−03**	+
70_5	1.40e−02/1.9e−03	1.47e−02/1.3e−03	1.67e−02/1.3e−03	**6.25e−03/9.3e−04**	+
70_6	1.37e−02/6.8e−04	1.38e−02/1.6e−03	1.53e−02/1.0e−03	**5.28e−03/1.0e−03**	+

续表

问题	NSGA-II 平均值/标准差	SPEA2 平均值/标准差	MODGWO 平均值/标准差	MODVOA 平均值/标准差	显著水平
70_7	1.34e−02/1.5e−03	1.44e−02/1.9e−03	1.53e−02/8.3e−04	**6.70e−03/9.8e−04**	+
70_8	1.46e−02/1.4e−03	1.55e−02/1.4e−03	1.58e−02/9.8e−04	**6.62e−03/8.8e−04**	+
70_9	1.90e−02/1.7e−03	2.01e−02/2.0e−03	1.99e−02/1.8e−03	**7.22e−03/9.4e−04**	+
70_10	1.81e−02/1.5e−03	1.82e−02/2.2e−03	1.92e−02/1.2e−03	**7.07e−03/1.5e−03**	+
90_5	1.23e−02/1.6e−03	1.27e−02/1.4e−03	1.40e−02/7.5e−04	**5.16e−03/1.3e−03**	+
90_6	1.54e−02/1.8e−03	1.56e−02/1.7e−03	1.62e−02/8.4e−04	**5.33e−03/8.5e−04**	+
90_7	1.30e−02/1.2e−03	1.23e−02/1.3e−03	1.30e−02/1.3e−03	**5.08e−03/1.3e−03**	+
90_8	1.49e−02/1.8e−03	1.54e−02/1.7e−03	1.57e−02/5.5e−04	**6.30e−03/6.2e−04**	+
90_9	1.53e−02/1.2e−03	1.56e−02/1.4e−03	1.56e−02/1.6e−03	**4.81e−03/1.0e−03**	+
90_10	1.43e−02/1.4e−03	1.44e−02/1.8e−03	1.47e−02/7.2e−04	**5.75e−03/9.5e−04**	+
100_5	1.70e−02/1.4e−03	1.76e−02/1.8e−03	1.94e−02/1.5e−03	**6.02e−03/1.1e−03**	+
100_6	1.80e−02/1.9e−03	1.76e−02/1.4e−03	1.83e−02/9.7e−04	**5.25e−03/8.7e−04**	+
100_7	1.77e−02/2.0e−03	1.76e−02/1.4e−03	1.77e−02/1.2e−03	**6.78e−03/6.3e−04**	+
100_8	1.69e−02/1.3e−03	1.61e−02/1.9e−03	1.69e−02/8.8e−04	**5.78e−03/1.1e−03**	+
100_9	1.69e−02/1.3e−03	1.63e−02/1.0e−03	1.66e−02/1.0e−03	**5.40e−03/7.5e−04**	+
100_10	1.82e−02/1.9e−03	1.72e−02/1.4e−03	1.81e−02/1.3e−03	**6.16e−03/6.2e−04**	+
获胜率	0/30	0/30	0/30	30/30	

表 4-5 统计了 NSGA-II、SPEA2、MODGWO 及 MODVOA 获得的 GD 指标的平均值和标准差。从统计结果可知，MODVOA 在 11 个问题上都优于其他多目标进化算法，其中在 9 个问题上具有显著性优势。SPEA2 在 10 个问题上要好于其他多目标进化算法，NSGA-II 在 9 个问题上要优于其他多目标进化算法。而 MODGWO 却不能在任何问题上取得最优的 GD 指标的结果，这是因为其搜索机制影响有限，即其搜索算子在最好解的指引下容易陷入局部收敛。

表 4-6 展示了 NSGA-II、SPEA2、MODGWO 以及 MODVOA 获得的 Spread 指标的平均值和标准差。从统计结果可知，MODVOA 在 28 个问题上都差于其他多目标进化算法。SPEA2 在 14 个问题上都好于其他多目标进化算法，这是由于其采用了外部文档来存储所获非支配解。若非支配解超出了外部文档规定的规模，则运用拥挤距离技术来保持外部文档内的非支配解的多样性。NSGA-II 在 9 个问题上要优于其他多目标进化算法。而 MODGWO 在 5 个问题上取得了最优结果。因此在分布性能指标上，各算法的优劣依次为：SPEA2、NSGA-II、MODGWO 和 MODVOA。

表 4-7 记录了 NSGA-II、SPEA2、MODGWO 以及 MODVOA 获得的 IGD 指标的平均值和标准差。IGD 是综合性能指标，在一定程度上能同时反映算法的收敛性和

多样性,此外也能反映所获 Pareto 前端的覆盖范围。从统计结果可知,MODVOA 在所有问题上均优于其他多目标进化算法,且在所有问题上均显著地好于其对比算法。

图 4-11 展示了这四种算法在 30 个问题上 IGD 指标的箱形图,图中 UPM 表示不相关并行机问题。箱形图需要用到统计学中的四分位数的概念,图 4-12 给出了箱形图的详细结构,该图包含了四分位数,它们分别为第一四分位数(Q1)、第二四分位数(Q2)以及第三四分位数(Q3)。第三四分位数与第一四分位数的间距称为四分位间距(inter quartile range,IQR)。Whisker 上限是延伸至距框顶部 1.5 倍框高范围内的最大数据点,Whisker 下限是延伸至距框底部 1.5 倍框高范围内的最小数据点,超出 Whisker 上限或下限的数值将使用"+"符号表示,平均值采用"○"符号表示。从图 4-11 可知,MODVOA 的综合性能显著优于其他多目标进化算法,其结果分布图与表 4-7 给出的数据基本保持一致。

采用 Wilcoxon 符号秩检验方法对这四种算法在 30 个问题上的平均指标进行显著性检验,所有测试的显著性水平均设置为 95%(对应 $\alpha=0.05$)。符号"+"表示 MODVOA 显著地优于其竞争算法;符号"-"表示 MODVOA 显著地劣于最好的算法;符号"="表示对比的算法之间无显著性差异。表 4-8 展示了检验结果,若表中的 p 值小于 0.05,则表明这些算法之间存在显著性差异。从表中结果可知,MODVOA

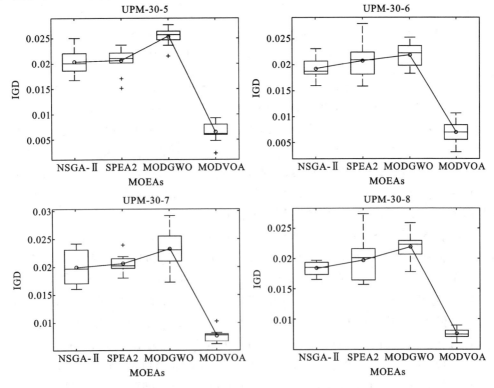

图 4-11　四种算法在 30 个问题上 IGD 指标的箱形图

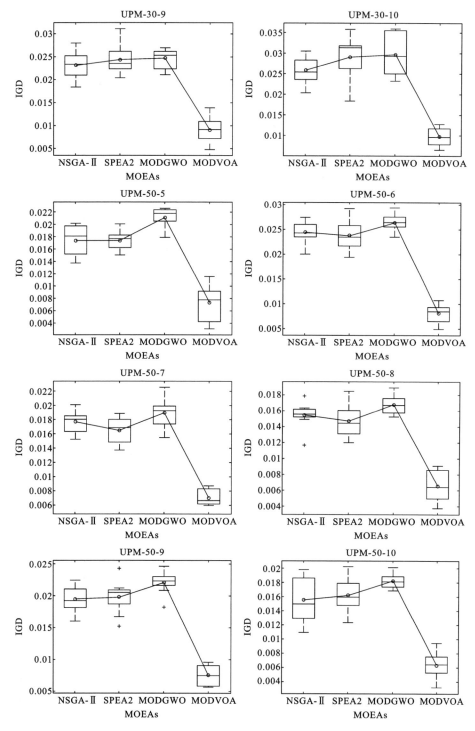

续图 4-11

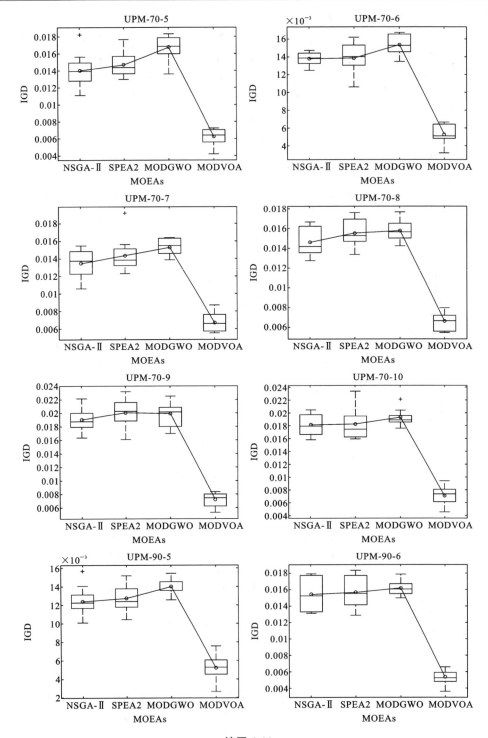

续图 4-11

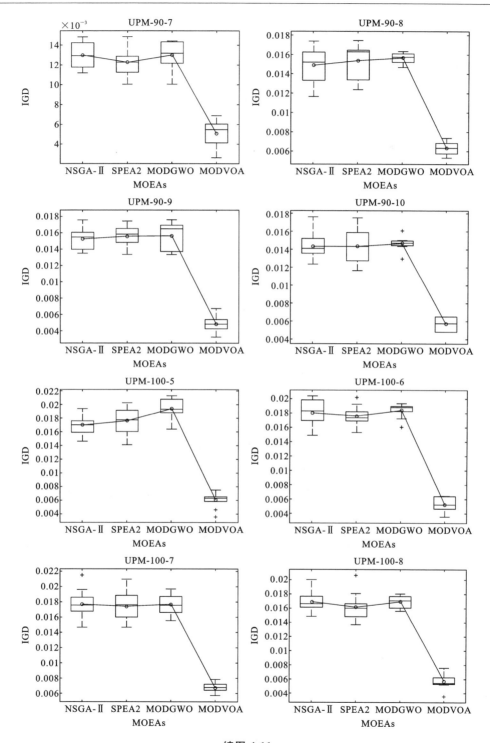

续图 4-11

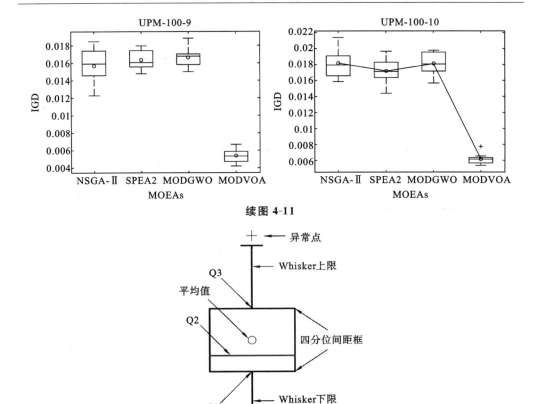

续图 4-11

图 4-12 箱形图结构

在求解加工时间可控的并行机调度优化问题上显著优于其他算法,尤其是在综合性能指标上。这进一步验证了 MODVOA 在求解加工时间可控的并行机调度优化问题上的有效性。

表 4-8 各指标下的 Wilcoxon 符号秩检验结果(显著性水平 $\alpha=0.05$)

指标	MODVOA VS NSGA-Ⅱ				MODVOA VS SPEA2				MODVOA VS MODGWO			
	R^+	R^-	p-value	win	R^+	R^-	p-value	win	R^+	R^-	p-value	win
GD	250.5	214.5	9.40e−01	=	260.5	204.5	5.65e−01	=	465	0	1.73e−06	+
Spread	50	415	1.93e−05	−	52	414	2.13e−05	−	0	465	1.73e−06	−
IGD	465	0	1.73e−06	+	465	0	1.73e−06	+	465	0	1.73e−06	+

为了进一步说明这些多目标进化算法获得 Pareto 前端的质量及分布情况,图 4-13 展示了不同多目标进化算法在随机选出的 5 个问题上获得的 Pareto 前端,这些 Pareto 前端对应着 30 次独立运算中不同的多目标进化算法获得的最佳 IGD 指标。这些图证实了来自数值分析的某些结论,相比 NSGA-Ⅱ、SPEA2 及 MODGWO,MODVOA 能够找到收敛性和分布性均较好的非支配解。

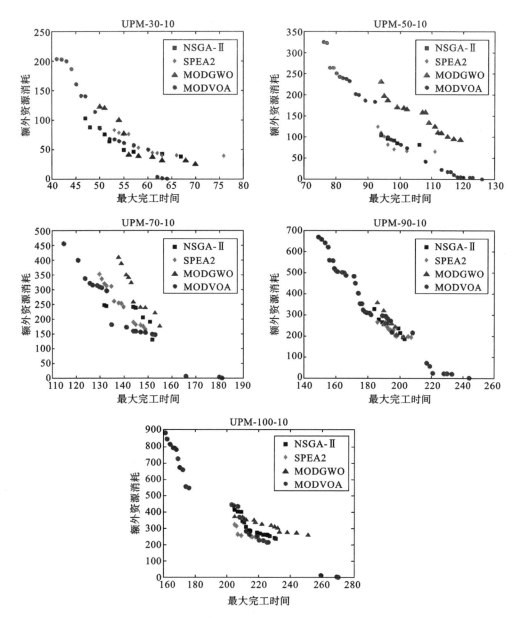

图 4-13 不同多目标进化算法获得的 Pareto 前端

4.5 本章小结

本章以加工时间可控的并行机调度优化问题为背景,先对该问题进行了介绍,然后分析了该问题的基本特征。在此基础上,以最小化最大完工时间和额外资源消耗为目标,建立了多目标数学模型,提出了一种基于混合 GA 与 VOA 的 MODVOA 算法来求解该类问题。实验结果表明,相比其他多目标进化算法如 NSGA-Ⅱ、SPEA2 及 MODGWO,提出的 MODVOA 算法可以有效地解决此类调度问题。总之,本章主要贡献至少有以下两个方面:① 构建了加工时间可控的多目标不相关并行机调度数学模型,该模型还考虑了依赖序列的准备时间;② 针对研究的问题,提出了一种新的多目标进化算法,为求解此类调度问题提供了一种新的思路。

本章参考文献

[1] KAYVANFAR V, KOMAKI G M, AALAEI A, et al. Minimizing total tardiness and earliness on unrelated parallel machines with controllable processing times[J]. Computers & Operations Research,2014,41:31-43.

[2] JOSUE R, JUAREZ C, WANG H J, et al. Virus optimization algorithm (VOA): A novel metaheuristic for solving continuous optimization problems [C]//The 10th Asia Pacific Industrial Engineering & Management System Conference. Kitakyushu:2009.

[3] LIANG Y-C, JUAREZ J R C. A novel metaheuristic for continuous optimization problems: virus optimization algorithm [J]. Engineering Optimization,2016,48(1):73-93.

[4] DEB K, PRATAP A, AGARWAL S, et al. A fast and elitist multiobjective genetic algorithm: NSGA-Ⅱ [J]. IEEE Transactions on Evolutionary Computation,2002,6(2):182-197.

[5] CHENG R, GEN M. Parallel machine scheduling problems using memetic algorithms[J]. Computers & Industrial Engineering,1997,33(3):761-764.

[6] HE Y, HUI C W. A rule-based genetic algorithm for the scheduling of single-stage multi-product batch plants with parallel units [J]. Computers & Chemical Engineering,2008,32(12):3067-3083.

[7] 付亚平,黄敏,王洪峰,等. 混合并行机调度问题的多目标优化模型及算法[J]. 控制理论与应用,2014,31(11):1510-1516.

[8] GOLDBERG D E. Genetic algorithms in search, optimization, and machine learning[M]. Boston:Addison-Wesley Longman Publishing Co., Inc., 1989.

第5章 加工时间可控的多目标流水车间调度问题研究

5.1 引　　言

本章主要研究了一个以焊接车间为背景的流水车间调度问题,单一调度目标已经不能完全反映实际生产的需求,该调度问题是一个多目标优化问题。该问题主要考虑了两个重要目标,即最大完工时间和机器负载。我们知道,权重和方法是求解多目标优化问题的一种最直接、简单的方法,然而在多数多目标优化问题中,各子目标具有不同的量纲,从而很难确定每个子目标的权重值[1]。因此,通常采用基于Pareto支配的方法来处理这类多目标优化问题,其中基于Pareto的多目标进化算法非常适合解决这类多目标调度问题,究其原因在于它能在一次运算中获得满意的非支配解,且不需要提前知道每个目标的权重值[2]。例如,Han等[3]提出了一种改进的NSGA-Ⅱ算法用来求解批量流水车间调度问题。Ciavotta等[1]设计了一种新的多目标进化算法,并给出了有关多目标置换流水车间调度问题的研究综述。Amin-Tahmasbi和Tavakkoli-Moghaddam[4]提出了一种多目标免疫系统方法来求解双目标流水车间调度问题。Zheng和Wang[5]开发了一种基于Pareto的分布式估计算法来求解生产调度问题。Rifai等[6]提出了一种新颖的多目标自适应邻域搜索算法来求解分布式置换流水车间调度问题。Yenisey和Yagmahan[7]提供了多目标置换流水车间的最新研究进展。基于Pareto方法的优点是它们不仅可在一次运行中获得满意的非支配解,同时也可揭示不同目标之间的折中关系。因此,本书采用了基于Pareto的多目标进化算法来求解流水车间调度问题。

正如前所述,灰狼优化(grey wolf optimizer,GWO)算法是一种全新的群智能优化算法,GWO是模拟灰狼群体捕食机制而发展起来的一种元启发式算法[8]。GWO已被证明是一种性能优异的算法,其性能要优于其他经典元启发式算法如改进的差分算法、遗传算法及粒子群法。GWO也被成功应用到很多实际工程优化问题中,例如表面波的参数估计[9]、超光谱图像分类[10]及光子晶体波导[11]等问题。基于GWO的高效性能和多目标问题的特点,本章提出了一种新颖的多目标离散灰狼优化算法MODGWO来求解流水车间调度问题。采用MODGWO求解本书研究的调度问题的主要原因在于所研究的问题是一个NP难问题,而GWO已经被证明是求解该类流水车间调度问题的有效方法之一[12]。此外,GWO具有原理简单的特点,很容易实现。据悉,目前还没有类似研究报道采用基于GWO的方法来求解多目标流水车间调度问题。虽然多目标灰狼优化算法已经被提出,但是其主要用来求解连续多目标优化问题而非组合优化多目标优化问题。在本章中:首先,构建了一个新的多目标数学模型;其次,设计了一种高效的MODGWO算法获得满意的折中解;最后,基于所研究问题的属性,提出了一种机器负载降低策略来提高解的质量。

5.2　问题描述与模型建立

本章研究的调度问题可描述如下:n个工件以相同流程方向需要经过m个阶段,每个工件在每个阶段上只有一道工序,加工过程中不允许抢占与中断。多台机器在某时刻可同时加工一个工件。当只有一台机器用来加工相应的工序时,每道工序都有一个正常的加工时间。工序的正常加工时间可通过分配多台机器资源到对应工序上进行压缩,但会引来额外的机器负载或者机器干涉。显然,所研究的调度问题是一类加工时间可控的置换流水车间调度问题的扩展版本。此外,本章所研究的问题比传统的调度问题要复杂得多。该类调度问题的基本特点可总结如下:

(1)加工时间可以通过安排额外的机器到对应工序上进行压缩。

(2)考虑了准备时间,准备时间与相邻两工件的排序相关。

(3)所有工件在每阶段上的释放时间是相对较短的。因此,在该问题中,工件释放时间可被忽略。

(4)考虑了相邻阶段之间的传输时间。传输时间不仅与阶段(站点)之间的距离相关(通常站点的位置是固定的),同时也与所运输的工件相关,因此传输时间是依赖工件的。

(5)当同时考虑准备时间和传输时间时,准备时间与传输时间的叠加是允许的。在这里,只有当先前工序的传输时间和当前工序的准备时间完成后,当前工序才能开始加工,如图5-1所示[13]。

为了建立加工时间可控的多目标流水车间调度问题的数学模型,本章所用到的符号和决策变量如下。

1. 符号

j:工件$j,j\in J$。

n:工件总数。

m:阶段总数。

π:一个可行的排序。

$\pi(j)$:在一个排列中第j位置上的工件。

C_i:在阶段i上工件的完工时间。

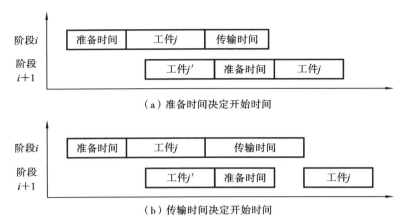

图 5-1 准备时间与传输时间叠加

$C_{\max}$：最大完工时间，也就是从开始到最后一个工件被运输到仓库的时间。

M：机器集合。

M_i：阶段 i 上的可用机器集合。

TM_i：在阶段 i 上，加工一个工件可用机器的数目。

O_{ij}：工件 j 在阶段 i 上的工序。

N_{ij}：加工工序 O_{ij} 所用的机器数。

p_{ij}：工序 O_{ij} 的正常加工时间，即对应工序上机器数需满足条件 $N_{ij}=1$。

p_{ij}^a：工序 O_{ij} 的实际加工时间，它与对应工序上的机器数成反比，即 $p_{ij}^a = \dfrac{p_{ij}}{N_{ij}}$。

S_{ij}：工序 O_{ij} 的开始时间。

sT_{i0j}：在阶段 i 上最先加工工件 j 的准备时间。

$sT_{ijj'}$：在阶段 i 上工件 j 与工件 j' 的准备时间。

$t_{jii'}$：从阶段 i 到阶段 i' 上工件 j 的传输时间。

t_{j0i}：工件 j 从开始仓库到阶段 i 上的传输时间。

t_{jiw}：工件 j 从阶段 i 到结束仓库的传输时间。

u_i：第 i 阶段机器负载惩罚系数。

L：一个无穷大的正数。

2. 决策变量

N_{ij}：加工工序 O_{ij} 所用的机器数。

S_{ij}：工序 O_{ij} 的开始时间。S_{ij} 需满足下面的条件：

$$S_{ij} = \begin{cases} \max(t_{j0i}, sT_{i0j}), & \text{如果}\, O_{ij}\, \text{是工件}\, j\, \text{的第一道工序也是阶段}\, i\, \text{上的第一道工序} \\ \max(t_{j0i}, s_{ij'} + p_{ij'}^a + sT_{ij'j}), & \text{如果}\, O_{ij}\, \text{是工件}\, j\, \text{的第一道工序且在阶段}\, i\, \text{上紧接}\, O_{ij'} \\ \max(s_{i'j} + p_{i'j}^a + t_{ji'i}, sT_{i0j}), & \text{如果}\, O_{i'j}\, \text{在阶段}\, i'\, \text{完成后在阶段}\, i\, \text{上的第一道工序为}\, O_{ij} \\ \max(s_{i'j} + p_{i'j}^a + t_{ji'i}, s_{ij'} + p_{ij'}^a + sT_{ij'j}), & \text{如果}\, O_{i'j}\, \text{完成后在阶段}\, i\, \text{上且工序}\, O_{ij}\, \text{紧接}\, O_{ij'} \end{cases}$$

$$x_{i'ij} = \begin{cases} 1, & \text{如果} O_{i'j} \text{优先于} O_{ij} \\ 0, & \text{如果} O_{ij} \text{优先于} O_{i'j} \end{cases}$$

$$y_{ij'j} = \begin{cases} 1, & \text{如果} O_{ij'} \text{优先于} O_{ij} \\ 0, & \text{如果} O_{ij} \text{优先于} O_{ij'} \end{cases}$$

$$z_{ijk} = \begin{cases} 1, & \text{如果机器} k \text{加工} O_{ij} \\ 0, & \text{否则} \end{cases}$$

根据上面已给出的符号,加工时间可控的多目标流水车间调度问题可被定义成一个多目标数学模型,其公式如下:

$$\begin{cases} \min f_1 = \max\{C_i \mid i = 1,2,\cdots,m\} \\ \min f_2 = \sum_{i=1}^{m} \sum_{j=1}^{n} u_i N_{ij} \end{cases} \tag{5-1}$$

约束条件:

$$\sum_{M_i} z_{ijk} = N_{ij} \geqslant 1, \quad i \in \{1,2,\cdots,m\}; \quad j \in J; k \in M \tag{5-2}$$

$$N_{ij} \leqslant \text{TM}_i, \quad i \in \{1,2,\cdots,m\}; j \in J \tag{5-3}$$

$$S_{ij} \geqslant t_{j0i}, \quad i \in \{1,2,\cdots,m\}; j \in J \tag{5-4}$$

$$S_{ij} \geqslant \text{s}T_{i0j}, \quad i \in \{1,2,\cdots,m\}; j \in J \tag{5-5}$$

$$L(1-x_{i'ij}) + S_{ij} \geqslant S_{i'j} + \frac{p_{i'j}}{N_{i'j}} + t_{ji'i}, \quad i, i' \in \{1,2,\cdots,m\}; j \in J \tag{5-6}$$

$$Lx_{i'ij} + S_{i'j} \geqslant S_{ij} + \frac{p_{ij}}{N_{ij}} + t_{jii'}, \quad i, i' \in \{1,2,\cdots,m\}; j \in J \tag{5-7}$$

$$L(1-y_{ij'j}) + S_{ij} \geqslant S_{ij'} + \frac{p_{ij'}}{N_{ij'}} + \text{s}T_{ij'j}, \quad i \in \{1,2,\cdots,m\}; j,j' \in J \tag{5-8}$$

$$Ly_{ij'j} + S_{ij'} \geqslant S_{ij} + \frac{p_{ij}}{N_{ij}} + \text{s}T_{ijj'}, \quad i \in \{1,2,\cdots,m\}; j,j' \in J \tag{5-9}$$

$$C_{\max} \geqslant S_{ij} + \frac{p_{ij}}{N_{ij}} + t_{jiw}, i \in \{1,2,\cdots,m\}; j \in J \tag{5-10}$$

$$x_{i'ij} = \{0,1\}, y_{ij'j} = \{0,1\}, N_{ij} \in N^+, \quad i \in \{1,2,\cdots,m\}; j \in J \tag{5-11}$$

公式(5-1)定义了问题的优化目标是同时最小化最大完工时间和机器负载惩罚量;约束(5-2)确保了在每个阶段上每个工件至少被一台机器加工,该约束不同于传统调度问题中的约束;约束(5-3)保证了每道工序对应的可用机器数在给定的范围内;约束(5-4)确保了只有当工件从开始仓库运输到第一个站点后工件才可被加工;约束(5-5)定义了只有当前工序的准备时间完成后该工序才开始加工;约束(5-6)和约束(5-7)共同确保了只有先前工序完工后工件才开始加工;约束(5-8)和约束(5-9)共同确定了在相同阶段上只有先前工序和其准备时间完成后,当前工件才能进行加工;约束(5-10)定义了最大完工时间等于最后一道工序的完工时间与传输到仓库的时间之和;约束(5-11)限制了决策变量是二元变量,N_{ij}是一个正整数。该数学模型很容易扩展到其他经典调度问题中,如作业车间和组车间调度问题。

显然,该问题的两个目标是相互冲突的,当多台机器同时加工某道工序时,其加工时间是被压缩的,而对应的机器负载或机器干涉将会有所增加。此外,由于该问题具有 NP 难等特点,大规模调度问题很难通过提出的 MIP 模型和精确算法在合理的时间内进行求解,因此,本章提出了一种高效的 MODGWO 算法来求解该类问题。

5.3 基于混合 GA-GWO 的 MODGWO 求解多目标流水车间调度

5.3.1 编码与解码机制

运用 MODGWO 求解问题之前,编码与解码是一个重要的步骤。它构建了搜索空间与问题空间之间的桥梁。因此,设计出合适的编码与解码机制对于此类问题的求解是十分重要的。与其他调度问题不同的是,该类调度问题需同时处理工件排序与机器分配两个子任务,所以本章提出了一种包含这两种信息的双层编码机制。第一层是基于工序的编码方式,记作 π;第二层是机器分配信息,记为 N。为了说明这个编码机制,本章给出一个规模为 4 工件、5 阶段的实例,如下式所示:

$$\pi = [2,4,3,1]$$

$$N = \begin{bmatrix} 1,1,3,2 \\ 1,1,2,1 \\ 2,2,3,1 \\ 1,1,1,1 \\ 2,2,3,1 \end{bmatrix}$$

在这个编码中,工件排序为[2,4,3,1],机器矩阵中的元素 N_{ij} 表示加工工序 O_{ij} 所需的机器数。为了进一步解释这个编码,图 5-2 展示了该解的甘特图。例如,N_{13} 表示在阶段 1 上的工件 3(也就是 O_{13})对应的机器数为 3。在甘特图中,O_{13} 是带有两条白色条形带的深色矩形。无白色条形带的矩形表示具有正常加工时间的工序,例如 O_{12},工序 O_{12} 仅由一台机器进行加工。在这个甘特图中,最大完工时间为 255.83,机器负载为 32(假设所有机器的惩罚系数为 1)。

5.3.2 种群初始化

基于以上编码机制,对种群进行初始化。种群的每个个体由一个工件排序和一个机器分配矩阵构成。为确保解的质量和多样性,三分之一的初始种群(对应着不同的机器矩阵)通过 NEH[14] 方法产生以便提高解的质量;剩余的个体基于所提出的编码机制随机产生,以提高解的多样性。

(a) 实例

工件	正常加工时间					工件	传输时间					
	阶段1	阶段2	阶段3	阶段4	阶段5		w to s1	s1 to s2	s2 to s3	s3 to s4	s4 to s5	s5 to w
1	10	15	30	20	25	1	6	10	15	20	10	14
2	30	10	20	25	15	2	5	10	20	15	15	14
3	35	10	25	5	30	3	4	15	10	25	10	14
4	10	30	20	10	15	4	3	10	10	15	5	14

工件	准备时间				工件	准备时间				
	1	2	3	4		阶段1	阶段2	阶段3	阶段4	阶段5
1	—	10	20	15	1	10	5	14	13	6
2	12	—	10	20	2	4	8	7	10	18
3	5	9	—	16	3	8	10	5	12	7
4	10	5	9	—	4	9	18	7	16	12

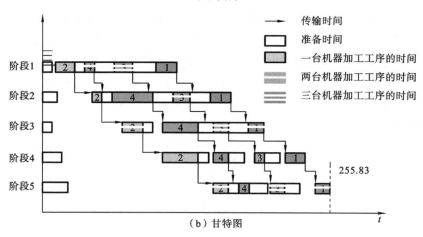

(b) 甘特图

图 5-2 解实例及甘特图

5.3.3 社会等级分层

原始 GWO 的核心思想是通过种群中最好的三个解来指导群体中其他个体朝着最优解方向进行搜索。但在多目标优化问题中,由于多目标优化问题的 Pareto 支配关系的特点,最优解通常不是一个单一的解,而是一组被称为"折中解"的非支配解集。也就是说,对于一组折中解来说,一个目标性能的改善可能会造成另外一个目标性能的降低。因此,每一个解都具有一个秩(即非支配水平)。根据 Pareto 支配关系,种群可被划分为几个非支配水平。如果种群存在三个以上的非支配水平层,可将位于第一层非支配水平的解划归为 α,处于第二层非支配水平的解划为 β,处于第三层非支配水平的解称为 δ。在本研究中,最好的三个解可通过下面的假设获得。

(1) 如果当前种群处于非支配层,从种群中随机选择三个个体作为 α、β 和 δ。

(2) 如果当前种群存在两种非支配水平,则 α 和 β 分别来自第一层非支配水平和第二层非支配水平,δ 也来自第二层非支配水平。

(3) 如果当前种群存在三个或者三个以上的非支配水平,则 α、β 及 δ 分别来自种群中的第一层、第二层及第三层非支配水平。

5.3.4 搜寻猎物

GWO 的搜索算子主要用来求解连续优化问题,所以 GWO 不能直接用来求解这个组合优化问题。为了确保解的可行性,改进的搜索算子由两部分构成,其定义如下。

对于第一层编码,即工件排列,有

$$\pi_i^{t+1} = \begin{cases} \text{shift}(\pi_i^t, A \cdot (C \cdot \pi_\alpha^t - \pi_i^t)), & 0 \leqslant \text{rand} < \frac{1}{3} \\ \text{shift}(\pi_i^t, A \cdot (C \cdot \pi_\beta^t - \pi_i^t)), & \frac{1}{3} \leqslant \text{rand} < \frac{2}{3} \\ \text{shift}(\pi_i^t, A \cdot (C \cdot \pi_\delta^t - \pi_i^t)), & \frac{2}{3} \leqslant \text{rand} \leqslant 1 \end{cases} \quad (5\text{-}12)$$

式中:$\text{shift}(x,d)$ 函数表示元素 x 可向右或向左移动 $|d|$ 个单位,注意如果移动的距离超出了边界范围,则边界元素与相反的方向形成一个环形;rand 是一个在 $[0,1]$ 区间上的随机数;A 和 C 是控制因子,在本章中,A 和 C 均等于 1。图 5-3 给出了这个算子的例子。

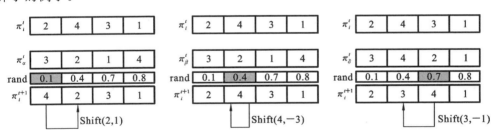

图 5-3 搜索过程

对于第二部分,即机器分配矩阵,有

$$N_{i,j}^{t+1} = \begin{cases} N_{i,j}^t \in N(\alpha)_{i,j}^t \text{ 或 } N(\beta)_{i,j}^t \text{ 或 } N(\delta)_{i,j}^t, & \text{rand} \leqslant a \\ N_{i,j}^t \in N^t, & \text{其他} \end{cases} \quad (5\text{-}13)$$

其中,新产生的机器分配元素 $N_{i,j}^{t+1}$ 主要源于两种生成规则:① 先前较好的个体;② 随机选择。在第一种生成规则中,最新元素以概率 a 从最好的机器矩阵中被选中,其中 $a = 1 - t/T_{\max}$,t 和 $T_{\max}$ 分别表示当前迭代次数和最大迭代次数。在第二种生成规则中,$N_{i,j}^{t+1}$ 以概率 $(1-a)$ 随机产生于一个可行解。

5.3.5 机器负载降低策略

为了提高解的质量,局部搜索方法通常被嵌入单目标元启发式算法中[15]。但是多目标进化算法中的局部搜索方法不同于单目标元启发式算法中的局部搜索方法，在多目标优化问题中，一个目标性能的提升可能会导致另外一个目标性能的降低。因此，本章所提出的算法中没有直接引入局部搜索算子，而是设计了一种改进的策略来改善解的质量。这种策略不需要改变工件的排序，却能在一定程度上降低机器负载。这种机器负载降低策略的步骤如下。

机器负载降低策略的步骤

输入：一个给定的调度方案。

输出：一个改进的调度方案。

在最后一个阶段上的**策略 1**

For $i=1,2,\cdots,n-1$ do

    While $N_{m,\pi(i)}>1$ do

    设置 $N_{m,\pi(i)}=N_{m,\pi(i)}-1$，其中 $N_{m,\pi(i)}$ 表示在最后一个阶段上加工第 i 个位置上工件的机器数。

    设置 $C_{m,\pi(i)}=S_{m,\pi(i)}+p_{m,\pi(i)}/N_{m,\pi(i)}$，其中 $C_{m,\pi(i)}$ 表示在最后一个阶段上第 i 个位置上工件的完工时间，$p_{m,\pi(i)}/N_{m,\pi(i)}$ 表示最后一个阶段上第 i 个位置上工件的加工时间，$S_{m,\pi(i)}$ 表示最后一个阶段上第 i 个位置上工件的开始时间。

    设置 $\text{setup}C_{m,\pi(i+1)}=C_{m,\pi(i)}+\text{setup}_{m,\pi(i+1)}$，其中 $\text{setup}_{m,\pi(i+1)}$ 表示第 $(i+1)$ 个工件与第 i 个工件之间的准备时间，$\text{setup}C_{m,\pi(i+1)}$ 表示最后一个阶段上第 $(i+1)$ 个工件的准备操作的完工时间。

    设置 $\text{wt}_{m,\pi(i)}=S_{m,\pi(i+1)}-\text{setup}C_{m,\pi(i+1)}$，其中 $\text{wt}_{m,\pi(i)}$ 表示第 i 个工件与第 $(i+1)$ 工件之间的闲置时间，$S_{m,\pi(i+1)}$ 表示最后一个阶段上第 $(i+1)$ 个工件的开始时间；$\text{setup}C_{m,\pi(i+1)}$ 表示最后一个阶段上第 $(i+1)$ 个位置上的工件准备操作的完工时间。

    End while

If $\text{wt}_{m,\pi(i)}<0$

    设置 $N_{m,\pi(i)}=N_{m,\pi(i)}+1$ 并更新 $C_{m,\pi(i)}$、$\text{setup }C_{m,\pi(i+1)}$ 及 $\text{wt}_{m,\pi(i)}$。

End if

End for

在最后位置上的工件**策略 2**

For $k=1,2,\cdots,m-1$ do

    While $N_{k,\pi(n)}>1$ do

        设置 $N_{k,\pi(n)}=N_{k,\pi(n)}-1$。

        设置 $C_{k,\pi(n)}=S_{k,\pi(n)}+p_{k,\pi(n)}/N_{k,\pi(n)}$。

        设置 $\text{TTC}_{k,\pi(n)}=C_{k,\pi(n)}+\text{TT}_{k,\pi(n)}$，其中 $\text{TT}_{k,\pi(n)}$ 表示最后位置上的工件从阶段 k 到阶段 $k+1$ 的传输时间，$\text{TTC}_{k,\pi(n)}$ 表示最后一个位置上的工件从阶段 k 到阶段 $k+1$ 之间的完工时间。

        设置 $\text{wt}_{k,\pi(n)}=S_{k+1,\pi(n)}-\text{TTC}_{k,\pi(n)}$，其中 $\text{wt}_{k,\pi(n)}$ 表示阶段 k 和阶段 $k+1$ 之间最后位置上工件的闲置时间。

End while
If $\text{wt}_{k,\pi(n)} < 0$
设置 $N_{k,\pi(n)} = N_{k,\pi(n)} + 1$ 并更新 $C_{k,\pi(n)}$、$\text{TTC}_{k,\pi(n)}$ 及 $\text{wt}_{k,\pi(n)}$。
End if
End for

为了说明在最后一个阶段上的策略1,图5-4展示了策略1的甘特图。从图中可看出,实例(a)的调度方案中,阶段2中工件1和工件2之间存在足够长的闲置时间;实例(b)的调度方案中,可通过控制工件1的加工时间使闲置时间缩短。也就是说,在最后一个阶段上的工件1的加工时间可通过减少机器的数量来延长,它会导致机器负载的降低。此外,不同解对应的最大完工时间是相同的,因此,改善前的解被改善后的解所支配。

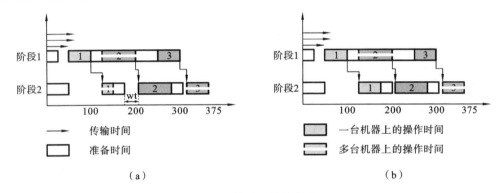

图 5-4 策略 1 的甘特图

图 5-5 所示是策略 2 的甘特图。调度实例(a)展示了阶段2中工件2和工件3之间存在足够长的闲置时间,而调度实例(b)却存在一个较短的闲置时间。最后工件的前一阶段的加工时间可通过减少机器数量来延长,但它将会导致机器负载的降低。此外,不同解对应的最大完工时间是相同的,因此,改善前的解是被支配的。

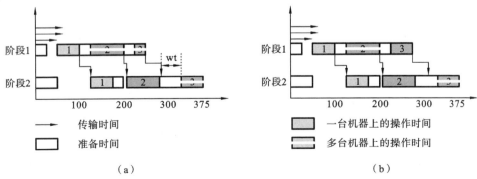

图 5-5 策略 2 的甘特图

5.3.6 替换机制

当求解多目标优化问题时,MODGWO 的替换机制不同于原始的 GWO 的替换机制,产生的新解需进行适应度(最大完工时间和机器负载惩罚量)评价。采用快速非支配排序方法对种群进行分层排序,即每个个体对应一个非支配水平,然后对同一层的非支配水平的个体采用拥挤距离技术来定义其排序。拥挤距离是一种测量当前解拥挤程度的指标,它可通过计算当前解到周围最近解的距离和来表示拥挤程度。为了得到分布均匀的 Pareto 前端,拥挤距离较大的解通常要好于拥挤距离较小的解。产生的新解 Q_t 与父本种群 P_t 进行融合形成组合种群 $Q_t \cup P_t$,然后对该组合种群进行非支配排序,并采用拥挤距离方法进行分层和排序。最后,从组合种群中选择出最好的 N(N 为种群大小)个个体作为下一代的父本种群进行更新操作。

5.4 数值实验

为了评价 MODGWO 算法的性能,将它与其他经典多目标进化算法(如 NSGA-Ⅱ和 SPEA2)进行了对比。为确保对比实验的公平性,它们均采用了相同的编码机制和机器负载降低策略。NSGA-Ⅱ和 SPEA2 也采用了相同的操作算子:二元锦标赛选择算子用来选择出优良个体,部分匹配交叉用来更新解的第一层,插入操作用来更新解的第二层。在变异操作中,进行交换操作。所有的算法均采用 Java 进行编码,测试实验环境为 Intel Core i5、2.39 GHz、4 GB RAM 的 Windows 8 操作系统。

5.4.1 测试问题

为了测试多目标进化算法的性能,提供了不同规模的测试数据集。表 5-1 所示为数据集分布。每个测试问题采用"n_m"的形式来表示,比如,"8_5"表示工件为 8、阶段为 5 的问题。

表 5-1 数据集分布

输入变量	分布
工件数(n)	20、40、60、80、100
阶段数(m)	2、3、4、5
在每个阶段上可用机器数(M)	离散均匀分布[1,4]
正常加工时间(p)	离散均匀分布[30,50]
准备时间(sT)	离散均匀分布[5,20]
传输时间(t)	离散均匀分布[10,20]
机器负载惩罚系数(u)	连续均匀分布[1,5]

5.4.2 参数设置

不同参数配置通常会对算法性能有不同的影响。因此,为了选择算法的最佳参数配置,预先做了大量的参数设置实验。在实验中,大多数参数是固定的值,然而一些参数对问题的规模是敏感的,如对于一个10工件规模的问题,种群为100也许太大了,而对于100工件规模的问题,该种群大小又显得太小了。因此,本实验中,对于小、中、大三种规模的问题,其对应种群大小分别设置为50、100和150。为公平比较算法性能,所有优化方法均采用相同的最大函数评价次数(maximal function evaluation number),对于小、中、大三种规模的问题,最大函数评价次数分别设为50000、80000和100000。具体参数设置见表5-2。每种算法在每个问题上均执行了30次独立运算。

表5-2 MODGWO、NSGA-Ⅱ、SPEA2及MODVOA的参数设置

算法名称	参 数 设 置
MODGWO	种群大小:50;最大函数评价次数:50000(20和40工件数,小规模) 种群大小:100;最大函数评价次数:80000(60和80工件数,中等规模) 种群大小:150;最大函数评价次数:100000(100工件数,大规模) 搜寻猎物(非支配解)
NSGA-Ⅱ	种群大小:50;最大函数评价次数:50000(20和40工件数,小规模) 种群大小:100;最大函数评价次数:80000(60和80工件数,中等规模) 种群大小:150;最大函数评价次数:100000(100工件数,大规模) PMX和插入操作 交叉概率:0.9 换位操作 变异概率:0.2
SPEA2	种群大小:50;外部文档大小:50;最大函数评价次数:50000(20和40工件数,小规模) 种群大小:100;外部文档大小:100;最大函数评价次数:80000(60和80工件数,中等规模) 种群大小:150;外部文档大小:150;最大函数评价次数:100000(100和200工件数,大规模) PMX和插入操作 交叉概率:0.9 换位操作 变异概率:0.2

续表

算法名称	参数设置
MODVOA	种群大小:50;最大函数评价次数:50000(20和40工件数,小规模) 种群大小:100;最大函数评价次数:80000(60和80工件数,中等规模) 种群大小:150;最大函数评价次数:100000(100工件数,大规模) PMX和插入操作 交叉概率:0.9 换位操作 变异概率:0.2

5.4.3 机器负载降低策略性能分析

MODGWO包含了一个重要的改进策略,即机器负载降低策略。为了评价该策略的有效性,本小节分别测试了MODGWO和无机器负载策略的MODGWO的性能。在本实验中,MODGWO$_{no}$表示无机器负载策略的MODGWO。为了保障实验对比的公平性,它们的参数设置都是一样的。30次独立运行下各性能指标的平均值和标准差如表5-3所示。

表5-3 MODGWO$_{no}$和MODGWO获得的各性能指标的平均值和标准差

问题	GD(平均值/标准差)		Spread(平均值/标准差)		IGD(平均值/标准差)	
	MODGWO$_{no}$	MODGWO	MODGWO$_{no}$	MODGWO	MODGWO$_{no}$	MODGWO
20_2	**4.12e−03/1.4e−03**	4.44e−03/1.4e−03	**3.71e−01/6.3e−02**	3.84e−01/6.0e−02	4.56e−03/1.2e−03	**4.25e−03/9.9e−04**
20_3	6.09e−02/3.9e−02	**3.67e−02/1.2e−02**	**1.39e+00/8.6e−02**	1.41e+00/8.2e−02	3.21e−02/1.1e−02	**3.00e−02/1.0e−02**
20_4	6.80e−02/2.8e−03	**6.79e−03/2.3e−03**	3.80e−01/7.2e−02	3.98e−01/5.9e−02	**5.34e−03/1.5e−03**	5.74e−03/1.3e−03
20_5	3.00e−02/1.2e−02	**2.20e−02/1.0e−02**	8.13e−01/1.3e−01	8.45e−01/1.4e−01	2.18e−02/5.5e−03	**1.90e−02/6.4e−03**
40_2	3.11e−02/9.7e−04	**2.77e−03/9.6e−04**	4.49e−01/5.7e−02	4.17e−01/5.9e−02	6.53e−03/2.1e−03	**5.57e−03/2.0e−03**
40_3	**1.64e−02/7.0e−03**	5.05e−02/4.8e−02	**1.29e+00/7.4e−02**	1.40e+00/1.4e−01	6.69e−02/2.1e−02	**2.66e−02/9.0e−03**
40_4	4.99e−02/5.3e−02	**4.65e−02/6.9e−02**	1.34e+00/6.9e−02	**1.30e+00/6.7e−02**	2.42e−02/7.9e−03	**1.82e−02/7.4e−03**
40_5	**1.76e−02/1.4e−02**	3.35e−02/2.7e−02	**8.77e−01/1.2e−01**	1.05e+00/1.3e−01	3.84e−02/7.3e−03	**2.06e−02/6.9e−03**
60_2	**4.25e−02/2.5e−02**	4.30e−02/2.4e−02	1.57e+00/8.9e−02	**1.56e+00/7.5e−02**	2.78e−02/1.1e−02	**2.75e−02/7.1e−03**
60_3	2.04e−02/2.3e−02	**1.22e−02/1.3e−02**	5.45e−01/1.1e−01	**3.12e−01/2.3e−01**	2.26e−02/3.1e−03	**8.22e−04/3.5e−04**
60_4	3.56e−02/4.2e−02	**3.20e−02/3.9e−02**	8.81e−01/1.4e−01	**8.35e−01/1.4e−01**	2.59e−02/8.3e−03	**2.54e−02/6.9e−03**
60_5	3.96e−02/3.5e−02	**2.58e−02/2.5e−02**	1.12e+00/1.8e−01	1.15e+00/1.9e−01	6.06e−02/1.2e−02	**2.94e−02/8.8e−03**
80_2	2.71e−02/5.3e−04	**1.83e−03/6.2e−04**	6.21e−01/4.6e−02	**5.97e−01/6.7e−02**	5.66e−03/1.5e−03	**2.85e−03/6.9e−04**
80_3	8.33e−02/3.6e−02	**7.58e−02/3.4e−02**	1.46e+00/9.8e−02	**1.43e+00/4.9e−02**	5.82e−02/2.1e−03	6.21e−02/1.9e−02
80_4	**3.11e−02/1.3e−02**	3.39e−02/1.9e−02	1.51e+00/5.4e−02	**1.45e+00/9.9e−02**	2.66e−02/1.0e−02	**2.64e−02/9.3e−03**
80_5	2.64e−01/1.8e−01	**1.68e−01/1.3e−01**	9.96e−01/2.0e−01	**8.81e−01/2.3e−01**	5.97e−02/1.9e−02	**5.32e−02/1.9e−02**
100_2	**9.20e−02/3.0e−02**	1.09e−01/5.6e−02	1.46e+00/4.4e−02	**1.42e+00/1.2e−01**	1.03e−02/2.2e−03	**9.68e−02/3.1e−02**
100_3	2.90e−02/4.0e−01	**2.41e−02/1.3e−02**	1.03e+00/2.2e−01	**8.68e−01/7.4e−02**	**3.97e−02/8.9e−03**	4.97e−02/9.4e−03
100_4	2.38e−01/1.7e−01	**1.04e−01/1.1e−01**	1.08e+00/2.3e−01	**9.73e−01/1.5e−01**	7.89e−02/2.3e−02	**6.61e−02/2.2e−02**
100_5	1.85e−01/1.6e−01	**9.03e−02/1.1e−01**	1.15e+00/1.8e−01	**1.09e+00/1.3e−01**	1.51e−01/5.0e−02	**1.18e−01/2.9e−02**
准确率	6/20	14/20	7/20	13/20	3/20	17/20

从表 5-3 可看出,在大多数问题上 MODGWO 显著优于无机器负载降低策略的 MODGWO。这表明机器负载降低策略可以改善所提出算法的性能。由于所考虑的多目标进化算法具有随机概率的特性,需要对获得的结果进行显著性检测。本书采用 Wilcoxon 符号秩检验方法来检测不同算法性能之间的显著性差别,所有测试的置信水平为 95%(即对应的 $\alpha=0.05$),其中"+"或"−"符号表示 MODGWO 显著优于或劣于它的对比算法;"="表示 MODGWO 与它的对比算法之间无显著性差别。R^+ 表示 MODGWO 求解某问题时要优于其竞争者的秩和;反之,需采用 R^- 来表示。

表 5-4 记录了每个问题上 30 次独立运算的 Wilcoxon 符号秩检验结果。从表 5-4 可看出,MODGWO 比其竞争者存在着数目更多的"+",这表明 MODGWO 的性能显著优于 MODGWO$_{no}$ 的性能。表 5-5 统计了在 20 个问题上所有指标的检验结果。从表中可看出,对于 IGD 指标,MODGWO 以 $\alpha=0.05$ 的水平优于 MODGWO$_{no}$。也就

表 5-4 在每个问题上的 30 次独立运算获得的 Wilcoxon 符号秩检验结果(显著性水平 $\alpha=0.05$)

问题	GD MODGWO VS MODGWO$_{no}$			Spread MODGWO VS MODGWO$_{no}$			IGD MODGWO VS MODGWO$_{no}$		
	R^+	R^-	p-value/win	R^+	R^-	p-value/win	R^+	R^-	p-value/win
20_2	176	289	5.45e−01/=	190	275	3.82e−01/=	465	0	1.73e−06/+
20_3	367	98	5.67e−03/+	186	279	3.39e−01/=	282	183	3.09e−01/=
20_4	211	254	6.58e−01/=	126	339	2.85e−02/−	168	297	1.85e−01/=
20_5	347	118	1.85e−02/+	192	273	4.05e−01/=	305	160	1.36e−01/=
40_2	288	177	2.54e−01/=	371	94	4.38e−03/+	437	28	2.60e−05/+
40_3	31	434	3.41e−05/−	62	403	4.53e−04/−	465	0	1.73e−06/+
40_4	287	178	2.62e−01/=	155	310	1.11e−01/=	358	107	9.84e−03/+
40_5	57	408	3.07e−04/−	48	417	1.48e−04/−	461	4	1.73e−06/+
60_2	227	238	9.10e−01/=	215	250	7.19e−01/=	234	231	9.75e−01/=
60_3	357	108	1.04e−02/+	421	44	1.06e−04/+	465	0	1.73e−06/+
60_4	257	208	6.14e−01/=	292	173	2.21e−01/=	245	220	7.97e−01/=
60_5	289	176	2.45e−01/=	194	271	4.28e−01/=	461	4	2.60e−06/+
80_2	431	34	4.45e−05/+	347	118	1.85e−02/+	464	1	1.92e−06/+
80_3	269	196	4.53e−01/=	291	174	2.29e−01/=	219	246	7.81e−01/=
80_4	198	267	4.78e−01/=	266	199	4.91e−01/=	237	228	9.26e−01/=
80_5	325	140	5.71e−02/=	465	0	1.73e−06/+	287	178	2.62e−01/=
100_2	165	300	1.65e−01/=	350	115	1.57e−02/+	331	134	4.28e−02/+
100_3	389	76	1.29e−03/+	381	84	2.26e−03/+	68	397	7.16e−04/−
100_4	376	89	3.16e−03/+	357	108	1.04e−02/+	381	84	2.25e−03/+
100_5	328	137	4.95e−02/+	389	76	1.28e−03/+	459	6	3.18e−06/+
+/=/−	7/11/2			8/9/3			11/8/1		

表 5-5 在 20 个问题上各性能指标的 Wilcoxon 符号秩检验结果（显著性水平 $\alpha=0.05$）

指标	MODGWO VS MODGWO$_{no}$			
	R^+	R^-	p-value	win
GD	154	56	6.74e−02	=
Spread	151	59	8.58e−02	=
IGD	180	30	5.10e−03	+

是说，虽然机器负载降低策略对求解该类调度问题所产生的解的收敛性和分布性无显著作用，但是这种策略有助于提高生产系统的整体性能。因此，这种策略更有助于提高 MODGWO 的综合性能。综合性能有所改善的背后原因在于充分利用了该问题的数学属性，机器数量的柔性也许为发现更有前途的解提供了一种可行的技术，从而最终提升了生产系统的整体性能。在该实验中，机器负载目标上任何一点小的改善都会导致当前解支配其他解。因此，通过调整机器数量来降低机器负载的策略有助于 MODGWO 性能的提升。相反，MODGWO$_{no}$ 没有采用这种启发式规则来降低机器负载，它将失去很多发掘高质量解的机会。总的来说，机器负载降低策略对 MODGWO 求解该类调度问题起到了积极的作用。

5.4.4 与其他多目标进化算法进行对比

为了验证所提方法的有效性，MODGWO 与其他经典多目标进化算法（如 NSGA-Ⅱ、SPEA2 及 MODVOA）进行了对比。表 5-6 展示了这些算法获得的统计结果，其中"mean"表示平均值，"std"表示标准差，表中最后一行记录了对应性能指标的优胜比率（即准确率），如 3/21 表示对应算法在总共 21 个问题上对其中 3 个问题的求解结果是优于其竞争算法的。在表 5-6 中，最优结果均以加粗形式突出显示。

表 5-6 NSGA-Ⅱ、SPEA2、MODVOA 和 MODGWO 获得的各性能指标的平均值和标准差

问题		NSGA-Ⅱ			SPEA2			MODVOA			MODGWO		
		GD	Spread	IGD	GD	Spread	IGD	GD	Spread	IGD	GD	Spread	IGD
20_2	mean	1.83e−02	1.37e+00	1.39e−02	8.42e−03	1.38e+00	2.34e−02	1.52e−02	1.31e+00	1.22e−02	**4.68e−03**	7.37e−01	6.50e−03
	std	2.71e−03	1.00e−01	1.87e−03	**1.33e−03**	5.20e−02	3.48e−03	1.90e−03	8.63e−02	**1.17e−03**	1.94e−03	1.12e−01	2.01e−03
20_3	mean	1.83e−01	1.04e+00	2.12e−01	1.83e−01	**1.03e+00**	2.09e−01	6.52e−02	1.31e−01	3.39e−02	**5.67e−02**	1.39e+00	2.34e−02
	std	3.97e−02	**4.62e−02**	3.04e−02	4.10e−02	6.21e−02	3.61e−02	3.90e−02	8.63e−02	1.87e−02	**2.71e−02**	8.28e−02	5.96e−03
20_4	mean	1.62e−02	1.08e+00	9.63e−03	7.02e−03	1.25e+00	2.71e−02	1.46e−02	1.07e+00	8.92e−03	**6.25e−03**	6.36e−01	6.62e−03
	std	2.11e−03	1.04e−01	1.14e−02	**1.22e−03**	4.76e−02	4.30e−02	1.80e−03	1.13e−01	**1.11e−03**	2.13e−03	7.92e−02	1.94e−03
20_5	mean	3.86e−02	1.35e+00	2.84e−02	3.08e−02	1.19e+00	3.40e−02	3.56e−02	1.25e+00	2.91e−02	**1.11e−02**	1.11e+00	2.15e−02
	std	6.44e−03	9.84e−02	**2.34e−03**	4.71e−03	1.24e−01	3.14e−02	8.53e−03	8.63e−02	2.67e−02	7.62e−03	**5.54e−02**	4.54e−02
40_2	mean	2.04e−02	1.37e+00	1.63e−02	1.15e−02	1.22e+00	3.32e−02	1.92e−02	1.29e+00	1.57e−02	**4.07e−03**	5.89e−01	6.49e−03
	std	2.11e−03	8.04e−02	2.01e−02	1.32e−03	**3.73e−02**	3.74e−02	2.81e−03	7.31e−02	**1.67e−03**	1.20e−03	8.84e−02	3.53e−03
40_3	mean	1.10e−01	1.11e+00	1.08e−01	6.42e−02	1.01e+00	1.05e−01	1.12e−01	1.12e+00	9.00e−02	**5.11e−02**	1.17e+00	5.19e−02
	std	1.54e−02	6.03e−02	**1.04e−02**	1.46e−02	2.92e−02	1.14e−02	1.84e−02	7.81e−02	1.14e−02	2.51e−02	1.43e−02	2.04e−02
40_4	mean	2.05e−02	1.11e+00	8.54e−03	**9.60e−03**	1.02e+00	8.56e−02	1.72e−02	1.08e+00	8.57e−03	3.84e−02	1.07e+00	4.84e−02
	std	1.24e−02	6.90e−02	8.21e−03	**6.44e−03**	8.45e−02	8.13e−03	9.40e−03	6.31e−02	**6.74e−03**	2.14e−02	5.44e−02	1.14e−02

续表

问题		NSGA-II			SPEA2			MODVOA			MODGWO		
		GD	Spread	IGD	GD	Spread	IGD	GD	Spread	IGD	GD	Spread	IGD
40_5	mean	6.55e-02	1.13e+00	9.80e-02	3.10e-02	1.03e+00	9.57e-02	5.55e-02	1.12e+00	9.24e-02	**2.30e-02**	1.14e+00	**4.37e-02**
	std	1.62e-02	5.32e-02	1.02e-02	3.23e-02	9.19e-02	**7.74e-03**	**1.43e-02**	5.01e-02	7.87e-03	1.52e-02	7.53e-02	1.44e-02
60_2	mean	8.65e-02	1.07e+00	8.62e-02	7.73e-02	1.00e+00	8.60e-02	8.64e-02	1.10e+00	8.37e-02	**1.06e-03**	1.06e+00	**1.28e-02**
	std	5.01e-03	6.54e-02	6.04e-03	1.60e-02	**1.85e-03**	1.10e-02	5.31e-03	7.14e-02	5.72e-03	**3.80e-04**	1.22e-02	**1.61e-04**
60_3	mean	1.60e-01	**1.00e+00**	9.72e-02	1.76e-01	**1.00e+00**	2.00e-02	6.95e-02	1.00e+00	8.60e-02	**5.53e-03**	1.14e+00	**8.06e-03**
	std	9.42e-02	**0**	1.54e-02	4.54e-02	**0**	1.32e-02	2.00e-02	1.85e-03	1.10e-02	3.39e-03	1.42e-01	5.14e-03
60_4	mean	5.45e-02	1.41e+00	4.84e-02	8.52e-02	**1.10e+00**	7.05e-02	5.50e-02	1.41e+00	1.81e-02	**1.75e-02**	1.33e+00	**1.81e-02**
	std	1.13e-02	6.52e-02	**3.04e-03**	7.93e-03	6.56e-02	6.78e-03	1.21e-02	**5.45e-02**	3.71e-03	1.50e-02	8.64e-02	3.65e-03
60_5	mean	7.87e-02	1.42e+00	6.24e-02	1.05e-01	**1.16e+00**	1.01e-01	6.95e-02	1.42e+00	5.85e-02	**4.08e-02**	1.41e+00	**3.71e-02**
	std	**1.83e-02**	**3.42e-02**	6.22e-03	2.21e-02	6.32e-02	1.47e-02	2.33e-02	7.81e-02	**6.21e-03**	2.03e-02	1.01e-01	7.02e-03
80_2	mean	1.37e-02	1.45e+00	1.17e-02	1.44e-02	1.15e+00	2.60e-02	1.32e-02	1.42e+00	1.19e-02	**1.96e-03**	6.92e-01	**4.56e-03**
	std	1.54e-03	4.76e-02	9.80e-04	9.47e-04	2.82e-02	2.31e-03	1.24e-03	5.41e-02	**9.11e-04**	5.02e-04	8.22e-02	3.17e-03
80_3	mean	7.74e-02	1.26e+00	5.72e-02	3.05e-01	**1.00e+00**	1.95e-01	7.23e-02	1.24e+00	3.95e-02	**2.95e-02**	1.37e+00	**3.95e-02**
	std	2.14e-02	1.11e-01	**5.11e-03**	2.23e-02	**0**	2.90e-02	2.22e-02	1.32e-01	6.70e-02	1.74e-02	6.01e-02	6.65e-03
80_4	mean	8.45e-02	1.14e+00	8.53e-02	6.67e-02	**1.00e+00**	8.63e-02	8.50e-02	1.15e+00	1.19e-02	**6.77e-03**	1.19e+00	1.19e-02
	std	8.34e-02	6.03e-02	6.73e-03	1.44e-02	**4.33e-03**	1.14e-02	**5.53e-03**	4.81e-02	7.20e-03	1.01e-02	9.81e-02	**7.20e-04**
80_5	mean	4.86e-01	1.13e+00	6.63e-01	4.42e-01	**1.00e+00**	6.63e-01	4.79e-01	1.12e+00	6.58e-01	**8.31e-02**	1.30e+00	**5.79e-02**
	std	2.34e-02	3.02e-02	3.61e-02	3.32e-02	**6.87e-04**	3.27e-02	**2.11e-02**	3.52e-02	2.58e-02	4.13e-02	8.33e-02	**2.51e-02**
100_2	mean	4.10e-02	1.11e+00	3.61e-02	3.68e-02	**1.00e+00**	3.57e-02	3.82e-02	1.12e+00	3.46e-02	**4.09e-03**	1.21e+00	**7.25e-03**
	std	9.73e-03	9.43e-02	**2.42e-03**	1.22e-02	5.81e-03	3.92e-03	1.03e-02	7.71e-02	2.92e-03	**3.01e-03**	1.44e-01	2.73e-03
100_3	mean	9.07e-02	1.11e+00	1.42e-02	**3.42e-03**	1.00e+00	1.47e-02	8.41e-02	**1.11e+00**	1.41e-02	3.76e-03	1.10e+00	9.20e-03
	std	5.84e-02	1.16e-01	1.20e-03	**1.31e-03**	2.11e-02	1.32e-02	6.13e-03	6.83e-02	**9.42e-04**	2.25e-03	1.67e-02	2.81e-03
100_4	mean	7.37e-02	1.09e+00	4.80e-02	1.27e-02	**1.00e+00**	4.82e-02	7.29e-02	1.09e+00	4.71e-02	**2.32e-03**	1.10e+00	**3.64e-03**
	std	2.54e-02	4.02e-02	1.72e-03	1.52e-03	2.67e-03	4.22e-03	3.23e-03	4.86e-02	1.72e-03	3.31e-03	6.34e-03	**2.82e-04**
100_5	mean	1.06e-01	1.09e+00	8.27e-01	1.47e-01	**1.00e+00**	8.18e-02	1.05e-01	1.10e+00	8.05e-02	**9.47e-03**	1.28e+00	**5.21e-02**
	std	**3.82e-02**	3.20e-02	2.62e-02	1.16e-01	**6.31e-03**	2.32e-02	3.93e-02	2.72e-02	2.62e-02	7.36e-03	1.63e-01	3.37e-02
准确率	mean	0/20	1/20	0/20	2/20	14/20	0/20	0/20	1/20	0/20	18/20	6/20	20/20

表 5-6 展示了性能指标 GD、Spread 以及 IGD 的统计结果,从表中可看出提出的 MODGWO 在大多数问题上优于其他多目标进化算法。尤其是在综合性能指标 IGD 和收敛性指标 GD 上,除了个别问题外,MODGWO 在大多数问题上具有压倒性优势。在分布性能指标 Spread 上,MODGWO 也优于 NSGA-II 和 MODGWO。MODGWO 的良好性能要归功于社会分层机制,该机制首先将种群分层,然后从种群中选择出三个较好的个体并指导搜索进程朝着最优解方向逼近。为了保持种群的多样性,三个较好的个体可能分别来自于不同的非支配水平层,以便提高搜索的多样性水平。因此,MODGWO 可以有效地保持全局探索与局部寻优之间的平衡。而 NSGA-II、SPEA2 及 MODVOA 则没有这种分层机制。同时,MODGWO 在问题 "40-3"、"60-3"、"80-3" 及 "100-3" 上劣于其对比算法,其主要原因可能也归于社会分层机制。虽然该社会分层机制在一定程度上改善了解的质量,但它可能更有助于局部寻优。因此,搜索代理很可能在已知较好解的附近消耗更多时间来搜寻更好的解。由于这种社会分层机制可能失去探索搜索空间的未知领域的机会从而导致全局搜索能力的弱化,所以 MODGWO 在这些问题上展现出了较好的搜索多样性性能。但是 MODGWO 在大多数问题上展示出了显著性较好的结果,也就是说这种机制的负面

影响不是本书关注的重点。这也反映了 MODGWO 中的社会分层机制有助于算法搜寻到较好的解。因此,从本章可总结得到 MODGWO 在求解该问题上优于 NSGA-Ⅱ、SPEA2 及 MODVOA。

表 5-7 记录了在 20 个问题上获得的各性能指标的 Wilcoxon 符号秩检验结果,并给出了对应的 p 值。从表中可知,相比其竞争者,MODGWO 具有较多的"+",这表明 MODGWO 较其他多目标进化算法具有显著较好的性能。从表 5-7 可知,在指标 GD 和 IGD 上,MODGWO 以 $\alpha=0.05$ 的置信水平优于 NSGA-Ⅱ 和 SPEA2。

表 5-7 在 20 个问题上获得的各性能指标的 Wilcoxon 符号秩检验结果(显著性水平 $\alpha=0.05$)

指标	MODGWO VS NSGA-Ⅱ				MODGWO VS SPEA2				MODGWO VS MODVOA			
	R^+	R^-	p-value	win	R^+	R^-	p-value	win	R^+	R^-	p-value	win
GD	205	5	1.10e−03	+	202	8	1.90e−04	+	204	6	1.30e−03	+
Spread	113	97	7.65e−01	=	77	133	2.96e−01	=	111	99	8.23e−01	=
IGD	210	0	8.86e−05	+	210	0	8.86e−05	+	210	0	8.86e−05	+

为了显示这些多目标进化算法的性能,图 5-6 展示了不同的多目标进化算法在随机选出的 6 个问题上获得的 Pareto 前端,这些 Pareto 前端对应着 30 次独立运算

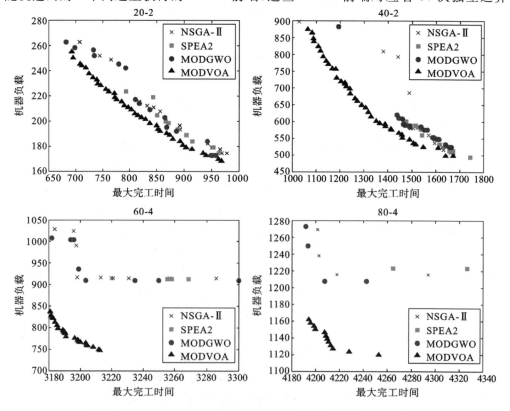

图 5-6 不同多目标进化算法获得的最佳 IGD 对应的 Pareto 前端

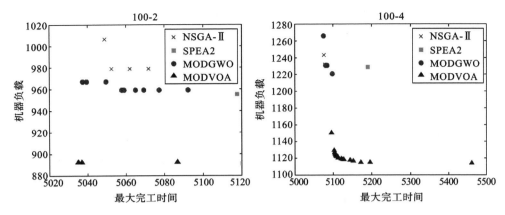

续图 5-6

中不同的多目标进化算法获得的最佳 IGD。这些图示证实了来自数值分析的某些结论,从图中可观察,相比 NSGA-Ⅱ 和 SPEA2,MODGWO 能够提供收敛性和分布性较好的非支配解。

表 5-7 中的 p 值表明了在这三个指标上,尤其是对于 IGD 和 GD 指标,MODGWO 显著优于其他多目标进化算法。

MODGWO 具有较好性能的主要原因在于以下几点:第一,采用社会分层机制可以改善解的质量,因为种群中的三个较好解指引着其他个体朝着最优解的方向进行搜索,所以 MODGWO 可以快速收敛到最优解或者近似最优解。这个观点可通过 GD 指标的数值实验结果得到证实。第二,为了保持种群的多样性,三个较好解可能来自不同的非支配水平层,这有助于提高搜索的多样性。在 Spread 指标上,MODGWO 也优于其他多目标进化算法。第三,为了进一步加强综合性能,设计了一个机器负载降低策略来改善解的质量。因此,提出的 MODGWO 可以有效地求解这类调度问题。

5.5 本章小结

本章主要研究了一个加工时间可控的多目标流水车间调度问题(MOPFSP-CPT)。首先建立一个以最大完工时间和机器负载惩罚量为双目标的混合整数规划数学模型,该模型考虑了依赖序列的准备时间、依赖工件的传输时间以及可控加工时间。然后,本章针对此类调度问题开发了一种新颖的多目标离散灰狼优化算法 MODGWO,并利用该算法来求解这个调度问题。在这个算法中,根据问题属性引入了一种机器负载降低策略,即通过减少机器数来延长某些工序的加工时间而不影响后续加工时间,从而提高生产系统的整体性能,并通过数值实验验证了该策略的有效性。为了评价 MODGWO 的性能,将 MODGWO 与其他多目标进化算法如 NSGA-

Ⅱ、SPEA2 及 MODGWO 进行了对比,实验结果表明 MODGWO 在求解该类调度问题方面要优于其他算法。

本章参考文献

[1] CIAVOTTA M, MINELLA G, RUIZ R. Multi-objective sequence dependent setup times permutation flowshop:A new algorithm and a comprehensive study [J]. European Journal of Operational Research,2013,227(2):301-313.

[2] DURILLO J J, NEBRO A J. jMetal:A Java framework for multi-objective optimization[J]. Advances in Engineering Software,2011,42(10):760-771.

[3] HAN Y Y,GONG D W,SUN X Y,et al. An improved NSGA-Ⅱ algorithm for multi-objective lot-streaming flow shop scheduling problem[J]. International Journal of Production Research,2014,52(8):2211-2231.

[4] AMIN-TAHMASBI H, TAVAKKOLI-MOGHADDAM R. Solving a bi-objective flowshop scheduling problem by a multi-objective immune system and comparing with SPEA2+ and SPGA[J]. Advances in Engineering Software, 2011,42(10):772-779.

[5] ZHENG H Y,WANG L. Reduction of carbon emissions and project makespan by a Pareto-based estimation of distribution algorithm[J]. International Journal of Production Economics,2015,164:421-432.

[6] RIFAI A P, NGUYEN H T, DAWAL S. Multi-objective adaptive large neighborhood search for distributed reentrant permutation flow shop scheduling[J]. Applied Soft Computing,2016,40:42-57.

[7] YENISEY M M, YAGMAHAN B. Multi-objective permutation flow shop scheduling problem:Literature review, classification and current trends[J]. Omega,2014,45:119-135.

[8] MIRJALILI S,MIRJALILI S M,LEWIS A. Grey wolf optimizer[J]. Advances in Engineering Software,2014,69:46-61.

[9] SONG X H,TANG L,ZHAO S T,et al. Grey wolf optimizer for parameter estimation in surface waves[J]. Soil Dynamics and Earthquake Engineering, 2015,75:147-157.

[10] MEDJAHED S A,SAADI T A,BENYETTOU A,et al. Grey wolf optimizer for hyperspectral band selection [J]. Applied Soft Computing, 2016, 40: 178-186.

[11] MIRJALILI S M, MIRJALILI S Z. Full optimizer for designing photonic

crystal waveguides: IMoMIR framework[J]. IEEE Photonics Technology Letters,2015,27(16):1776-1779.

[12] KOMAKI G M,KAYVANFAR V. Grey wolf optimizer algorithm for the two-stage assembly flow shop scheduling problem with release time[J]. Journal of Computational Science,2015,8:109-120.

[13] AHMADIZAR F,SHAHMALEKI P. Group-shop scheduling with sequence-dependent set-up and transportation times[J]. Applied Mathematical Modelling,2014,38(21-22):5080-5091.

[14] MUHAMMAD N,EMORY E E,INYONG H. A heuristic algorithm for the m-machine,n-job flow-shop sequencing problem[J]. Pergamon,1983,11(1):91-95.

[15] XIE Z P,ZHANG C Y,SHAO X Y,et al. An effective hybrid teaching-learning-based optimization algorithm for permutation flow shop scheduling problem[J]. Advances in Engineering Software,2014,77:35-47.

第6章 加工时间可控的多目标作业车间调度问题研究

6.1 引　　言

作业车间调度问题(job-shop scheduling problem,JSP)是调度问题中一个非常具有挑战性和代表性的NP难问题。其应用领域极为广泛,涉及航母调度、机场飞机调度、港口码头货物调度、汽车加工流水线等。作业车间调度问题具有很强的工程应用背景,吸引了大量学者对其进行研究。

加工时间可控的作业车间调度问题通过引入额外的资源来缩短加工时间。Janiak[1]描述了加工时间可控的调度问题在钢铁工业中的应用,预热时间和轧制时间与气流强度成反比。Kayan和Aktürk[2]确定了可控加工条件下每个工件加工时间的上下限,针对单台数控机床上的双目标调度问题,利用所提出的边界方法在有效边界上寻找一组离散的有效点。Kaspi和Shabtay[3]在故障更换(failure replacement)、机会更换(opportunistic replacement)和集成更换(integrated replacement)这三种不同的工具更换策略下,最小化每个单元的预期成本,其中更换策略决定了制造机器的加工时间。Liu等[4]考虑了单机上具有退化作业和成组技术的两Agent调度问题,并分别给出了两个调度问题的最优性质和最优多项式时间算法。

本章利用多Agent系统进行加工时间可控的作业车间调度问题的求解。Agent一词来源于分布式人工智能,学术界对Agent的定义尚没有完全统一的表述,但是有两个定义比较有代表性。一个是Wooldridge和Jennings[5]提出的定义:"Agent是处在某种环境中的计算系统,该系统有能力在这个环境中自主行动以实现其设计目标";另一个是Lane和Mcfadzean[6]给出的定义:"Agent是一个具有控制问题求解机理功能的计算单元,这个计算单元可能是一段程序,也可能是一个机器。"

求解复杂问题时,单个Agent的计算能力有限,因此研究者们将复杂问题分解细化为子问题,并构造具有一定功能的个体Agent来处理这些子问题,然后将这些个体Agent按照一定的组织关系和体系结构组成一个分布式并行的计算系统,凭借个体Agent之间的协作来解决大规模复杂问题,这就是多Agent系统。在多Agent系统中,多个Agent协作求解问题的能力远远超过单个Agent,并且这些Agent是异步、并发或并行处理问题的,提高了工作效率,缩短了求解时间。这些 Agent 既可以在同一台计算机上运行,也可以通过网络连接起来。Agent 通过相互通信来交流合作,这就需要某种控制结构将 Agent 有效地组织起来以提高效率。Agent 之间的通信和控制模式就是多 Agent 系统的体系结构。体系结构的职能是将多 Agent 系统的决策功能分配到各个 Agent 上,并确定这些 Agent 之间的关系。本章主要讨论加工时间的控制方法,并将其集成到多 Agent 系统中,在静态和动态两种情况下分析所提出的两种控制加工时间方法的效果,最后通过仿真实验结果,对两种方法的效果进行分析。在多 Agent 系统中,需要解决以下三个问题:

(1) 制造系统中需要压缩加工时间的机器;
(2) 确定用于压缩加工时间的资源量;
(3) 引入额外资源后加工时间压缩量。

6.2 问题描述

作业车间调度问题可以描述如下:存在 n 个独立的工件 $J=\{J_1,J_2,\cdots,J_n\}$ 和 m 台机器 $M=\{M_1,M_2,\cdots,M_m\}$,每个工件 J_i 包含着 n_i 道工序 $\{O_{i,1},O_{i,2},\cdots,O_{i,n_i}\}$。工件有着固定的加工工艺过程,正常加工时间可以通过分配较多的额外资源在对应的工序上而被压缩,这将导致附加资源消耗(如工具、物料资源)的增加。本章考虑的问题主要是最小化两个指标:最大完工时间和额外资源总消耗。

本研究问题的相关假设如下:

(1) 每道工序无中断加工;
(2) 每台机器一次只能处理一个任务;
(3) 所有机器从零时刻起可用,工件在零时刻释放;
(4) 每种类型的工件都有加工顺序、加工时间和截止日期;
(5) 每台机器都可能随机发生故障;
(6) 机器或工序之间的传输时间或准备时间可以被忽略;
(7) 机器和工件之间是可以相互独立的。

本章使用的基本符号如下:

j:机器索引($j=1,2,\cdots,m$)。

Resources:可用于缩短机器加工时间的资源量(如工具、物料资源等)。

Reducetime$_j$:机器 j 缩短的加工时间,此参数将使用的资源与有效的加工时间缩短相关联。

WaitingTime$_j$:队列 j 中的工件的标准加工时间的总和。

Setup$_j$:随着加工时间的减少,机器 j 工作所需的设置时间。

ResourceM$_j$:分配给机器 j 的资源量。

MAX_j:等待时间中的最大值。

indwait:机器j相对于整个制造系统的等待时间。

6.3 基于多Agent的加工时间可控的作业车间调度

在本研究中,材料处理时间包含在加工时间中,且处理资源总是可用的。多Agent体系结构由三种类型的Agent组成。机器代理(machine agent,MA)与每个机器相关联,它是一个智能实体,其主要功能是调度资源任务以提高机器性能。时间控制代理(time-controlled agent,TCA)与具有相同特征的机器组相关联,它通过管理工具以控制机器的加工时间。此外,当新工件进入系统时,相应的工件代理(job agent)将被创建,它分析工件状态,确定接下来的调度活动以便执行将工件分配给机器的策略。Renna[7]详细描述了将工件分配给机器代理的协调机制。本研究问题的目标是控制加工时间。时间控制代理关注的活动包括评估机器要求缩短加工时间的条件、缩短加工时间的"强度"、缩短加工时间的周期。

每个机器代理计算被管理机器的等待时间,并将此信息传输给时间控制代理。

时间控制代理执行以下活动:

(1) 时间控制代理收集所控制机器的所有等待时间参数之后,必须选择在哪台机器上分配资源以缩短加工时间。选中的机器需要满足以下两个条件:① 等待时间较长;② 队列中的工件数大于1。第二个条件是必须要满足的,这样可以避免在等待队列中只有一个工件的情况下缩短时间。因为如果等待时间较长的机器在队列中只有一个工件,则意味着制造系统不需要缩短加工时间。

(2) 时间控制代理验证可用资源是否多于一个。如果可用资源多于一个,则加工过程继续进行。在资源不可用的情况下,机器的需求进入等待状态(参见步骤(5))。

(3) 时间控制代理使用这些资源来缩短机器的加工时间。一种控制时间的方法如下:时间控制代理首先将所有资源分配给机器,然后将其他机器的可用资源设置为零,并将机器新的处理时间和要执行的操作告知机器代理。设置后,机器可以在缩短加工时间的情况下运行。这种方法记为方法1。

(4) 当本机的等待时间低于时间控制代理监督的机器较高等待时间的阈值(本书将其固定在70%)时,随着加工时间的缩短,机器代理将机器的信息传输到时间控制代理。发生这种情况时,机器将加工时间更改为标准加工时间之后释放资源。设置阈值70%的目的是避免对机器的持续干预,防止降低全局性能。

(5) 当资源不可用时,将机器的需求设置为等待状态;当资源可用时,时间控制代理从步骤(1)开始。

图6-1所示为算法流程图。

第 6 章 加工时间可控的多目标作业车间调度问题研究

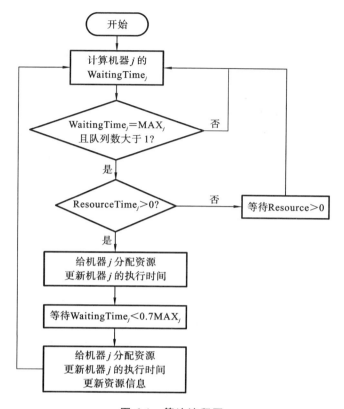

图 6-1 算法流程图

本章提出的另一种控制时间的方法是在机器资源之间按比例分配资源。该方法修改上述过程的步骤(3)。其中时间控制代理对资源的分配公式如下:

$$\text{Resource}M_j = \text{Min}[1 + (\text{indwait}_j)^+; \text{maxres}; \text{Resources}] \quad (6\text{-}1)$$

其中 indwait_j 的计算公式如下:

$$\text{indwait}_j = \frac{\text{WatingTime}_j}{\sum_i \text{WaitingTime}_j} \times K \quad (6\text{-}2)$$

indwait_j 的值可评估机器 j 相对于整个制造系统的等待时间。系数 K(此处设定为 3.33)用于放大指数,以获得与可用资源相当的值。这允许通过一个参数 K 设置 indwait,而不改变等待时间的计算方式。

其中,$\text{Resource}M_j$ 是分配给机器 j 的资源量。表达式(6-1)的意义如下:加上值 1 以确保分配给资源的资源至少有 1 个(如果 indwait 小于 0.5,设置 indwait 为 0)。maxres 值(此处设定为 5)用于限制分配给机器 j 的资源量;这避免了将总资源分配给机器。Resources 用于确保分配的资源有效可用。该方法记为方法 2。

方法 1 聚集了一台机器上的所有可用资源,减少了要设置的机器的数量,大大缩短了工作时间;而方法 2 则缩短了几个机器的工作时间,增加了要设置的机器数量。

6.4 仿真实验

6.4.1 仿真环境与数据

本章设置的仿真制造系统由三台机器组成,每台机器都能执行一套技术操作。制造系统被用来制造一组四个不同的工件。表 6-1 所示为数据集分布。每个工件的加工工艺(所需机器)和标准加工时间如表 6-2 所示。

表 6-1 数据集分布

参数	工件 1	工件 2	工件 3	工件 4
组合	40%	40%	10%	10%
制造机器上的工作量	低	高	低	高
到期日指数	5(正常)	5(正常)	2(紧急)	2(紧急)

表 6-2 工件加工工艺和标准加工时间

工件	机器 1	机器 2	机器 3	工作量
工件 1	10	10	10	中等
工件 2	20	20	—	高
工件 3	—	10	10	低
工件 4	20	—	20	高

交货日期通过以下表达式获得:

$$\text{due date} = \text{total processing time} \times \text{due date}_{\text{index}} \tag{6-3}$$

交货日期由标准工作时间总和乘以到期日指数得出。对于正常订单,该指数为 5;而对于紧急订单,该指数为 2。

工件按照表 6-3 所示到达时间进入系统。本章的指数分布参数设置为 16。

表 6-3 交替工作状态

指数分布	阶段 1	阶段 2	阶段 3
到达时间	10	20	10
组合 1	0.2	0.1	0.1
组合 2	0.4	0.3	0.1
组合 3	0.2	0.5	0.2
组合 4	0.2	0.1	0.6

续表

指数分布	阶段1	阶段2	阶段3
MTBF 1	4000	1000	500
MTBF 2	1000	3000	1000
MTBF 3	500	2000	4000

为了模拟动态环境,制造特性(机器故障、到达间隔和生产组合)在由三个交替阶段组成的生产运行期间发生变化。具体而言,关于机器故障,假设所有制造机器都会发生故障,并且按照指数分布的间隔时间发生故障,所有机器的平均故障间隔时间 MTBF=2000 单位时间。所有机器的维修时间均为 200 单位时间。在静态条件下,使用的模拟数据为上述数据。

在静态和高度动态的情况下对所提出的方法进行了测试。制造系统的动态性以阶段长度为特征。仿真长度固定为 43200 个时间单位,每个阶段的长度表征了制造系统的动态性。考虑了三个阶段的长度,每个阶段的模拟数据如表 6-3 所示。考虑三个阶段长度:4320 单位时间、2160 单位时间和 1080 单位时间。4320 单位时间的阶段长度具有低动态性;在这种情况下,数据每 4320 单位时间改变一次,因此阶段交替 10 次。中等动态性的特征是 2160 个单位时间;在这种情况下,阶段交替 20 次。阶段长度 1440 导致阶段交替 30 次;这表明制造系统具有更高的动态性。

被测实验类是静态的,有三个动态级别。对两种处理时间策略和无策略的情况进行了仿真。此外,对控制策略的可用资源时间进行评估,以缩短加工时间。表 6-4 列出了评估的 7 个案例。然后,考虑了动态性的几个原因:生产组合、机器故障和到达时间。模拟实验中考虑的情况如表 6-5 所示。对于每个实验类别,已经进行了多次重复,能够确保每个被测试的指标在 5% 的置信区间中有 95% 的置信水平。

表 6-4 可用资源

资源	减少时间
资源 1	3
资源 2	5
资源 3	7
资源 4	9
资源 5	12
资源 6	15
资源 7	18

研究的绩效指标如下。

(1) 每个工件的吞吐时间 $p=1,2,3,4$(thr. time p):这些指标评估了某一类型的产品是否比其他类型的产品获得了更多的主要收益。

(2) 平均吞吐量时间(average thr. time)。

(3) 吞吐量(thr.)。

(4) 在制品数量(WIP)。

(5) 制造系统平均利用率(av. utilization)。

(6) 工件总拖期(tardiness)。

(7) 资源时间的平均利用率(av. res. time)。它度量用于缩短加工时间的资源的利用率。

(8) 机器 $j(j=1,2,3)$ 的加工时间的平均压缩量($reduction_j$);这些指标评估了机器之间减少加工时间压缩量的分布。

(9) 处理时间调整总数(tot. adj.)。这个指数用于衡量转换次数,因此它是对与控制策略有关的可变成本的评估。

表 6-5 模拟实验考虑的组合

组 合	实 验 规 模
静态	15
生产组合	45
生产组合和机器故障	45
生产组合,机器故障,中途到达	45
合计	150

6.4.2 实验结果与分析

第一个实验是制造系统静态仿真实验。表 6-6 展示了方法 1 和方法 2 的模拟结果。在静态条件下,对加工时间进行控制可以获得相应的收益。其中能够提高较高的性能指标是平均吞吐量时间和延迟。这两种控制策略之间的区别在于调整的次数。其中方法 2 能够在减少调整次数的同时保持高水平的性能。每 1610 单位时间调整一次,可以降低加工时间策略的成本,因为压缩加工时间的同时减少了设置的次数,从而降低了制造系统的平均利用率。方法 1 导致了更多的设置次数,因为资源分配给一台机器,该机器的加工时间大大缩短,与此同时,会出现另一台机器成为等待时间较长的机器的情况,这导致资源将分配给这台机器。机器等待时间的波动导致对不同机器的连续设置。

表 6-6 静态仿真实验结果

参 数	方法 1	方法 2
average thr. time(%)	−63.60	−76.29
thr. time 1(%)	−62.07	−76.47

续表

参　数	方法1	方法2
thr. time 2(%)	-69.15	-77.10
thr. time 3(%)	-43.75	-71.64
thr. time 4(%)	-54.20	-73.57
thr.(%)	0.27	0.54
WIP(%)	-63.76	-76.31
av. utilization(%)	1.95	-29.76
tardiness(%)	-91.61	-93.84
res. time	12	12
tot. adj.	1659.2(26)	26.84(1610)
av. red.(%)	36	30
av. res. time(%)	92	76

在不同的工件类型中，方法2在吞吐量时间减少指标中的效果相差不大。因为方法1以不平衡的方式分配资源，所以方法1在该指标上存在震动。当可用资源时间为12时，这两种方法都有较好的效果。

表6-7展示了生产组合在动态事件发生时的模拟结果。方法2取得的效果优于方法1，因为方法2减少了改变加工时间的机器数量。较高的动态性（较低的阶段长度因子）会减弱控制加工时间的效果。因此，当生产组合具有低动态性时，通过减少加工时间取得的效果会更好。这意味着，当产品组合发生变化时，在制造机器之间分配资源是更好的策略。

表6-7　生产组合动态模拟结果

动态等级	低		中		高	
	方法1	方法2	方法1	方法2	方法1	方法2
average thr. time(%)	-79.53	-80.49	-74.20	-75.79	-67.79	-71.97
thr. time 1(%)	-76.83	-80.54	-72.95	-76.92	-67.88	-73.04
thr. time 2(%)	-70.56	-75.02	-64.00	-70.17	-59.67	-67.11
thr. time 3(%)	-81.58	-83.98	-76.87	-79.86	-70.12	-76.56
thr. time 4(%)	-84.22	-80.70	-78.68	-74.94	-71.00	-70.41
thr.(%)	2.19	2.46	0.54	1.91	0.27	0.27
WIP(%)	-79.70	-80.45	-74.27	-75.94	-67.86	-71.97
av. utilization(%)	-14.75	-29.03	-5.43	-30.77	-5.91	-1.41

续表

动态等级	低		中		高	
	方法1	方法2	方法1	方法2	方法1	方法2
tardiness(%)	−94.92	−91.53	−93.04	−89.17	−89.80	−87.37
res. time	12	12	12	12	12	12
tot. adj.	1530 (28)	26.84 (1610)	1515 (29)	26.84 (1610)	1487 (29)	25 (1728)
av. red.(%)	36	30	36	30	36	30
av. res. time(%)	90	76	90	77	90	77

表 6-8 展示了生产组合和机器故障两个动态事件同时发生时的模拟实验情况。

表 6-8 生产组合和机器故障动态模拟结果

动态等级	低		中		高	
	方法1	方法2	方法1	方法2	方法1	方法2
average thr. time(%)	−81.86	−83.34	−76.16	−78.23	−69.98	−74.13
thr. time 1(%)	−79.57	−82.84	−74.71	−78.75	−69.77	−75.11
thr. time 2(%)	−77.12	−80.92	−70.26	−74.78	−63.52	−68.76
thr. time 3(%)	−84.24	−86.71	−79.05	−82.57	−73.05	−78.81
thr. time 4(%)	−84.33	−82.27	−78.43	−76.35	−71.60	−72.63
thr.(%)	1.91	2.19	1.36	1.36	1.08	1.08
WIP(%)	−81.86	−83.34	−76.00	−78.07	−69.94	−74.07
av. utilization(%)	−6.02	−29.17	−5.05	−29.82	−5.05	−29.82
tardiness(%)	−95.21	−93.15	−93.25	−90.50	−90.51	−88.91
res. time	12	12	12	12	12	12
tot. adj.	1457.50 (30)	26.84 (1610)	1480 (29)	26.54 (1627)	1478 (29)	24.92 (1734)
av. red.(%)	36	30	36	30	36	30
av. res. time(%)	91	76	90	77	90	77

性能指标的趋势与组合生产的情况非常相似。机器故障事件的引入提高了所提出方法的效益。当机器发生故障时,时间控制策略能够取得更好的效果。此外,动态程度对绩效指标的影响低于只存在组合生产时的情况。

表 6-9 展示了生产组合、机器故障和到达时间发生波动时的模拟结果。当到达时间发生波动时,方法1优于方法2。在这种情况下,在一台机器上分配资源以大大

压缩加工时间是在到达时间出现波动时做出反应的更好的策略。从性能指标的变化来看,不同动态程度对到达时间发生波动的影响有限。

表6-9 生产组合、机器故障和到达时间发生波动时的模拟结果

动态等级	低		中		高	
	方法1	方法2	方法1	方法2	方法1	方法2
average thr. time(%)	−96.74	−80.86	−96.64	−86.29	−96.61	−90.98
thr. time 1(%)	−96.32	−79.35	−96.40	−85.15	−96.53	−90.52
thr. time 2(%)	−96.48	−85.67	−96.22	−89.91	−95.97	−92.02
thr. time 3(%)	−96.53	−78.55	−96.13	−82.32	−96.16	−89.09
thr. time 4(%)	−97.32	−80.30	−97.34	−86.86	−97.28	−91.80
thr.(%)	2.74	−10.96	18.42	17.22	5.48	−10.96
WIP(%)	−96.97	−80.54	−96.65	−86.26	−96.63	−91.05
av. utilization(%)	−13.51	−22.31	−11.97	−21.62	−14.83	−23.57
tardiness(%)	−99.08	−81.20	−99.08	−87.43	−99.13	−93.10
res. time	12	12	12	12	12	12
tot. adj.	1610.90 (27)	26.84 (1610)	1666.60 (26)	26.54 (1706)	1681.80 (26)	20.76 (2081)
av. red.(%)	37	30	37	31	36	30
av. res. time(%)	92	7	93	77	93	77

表6-10展示了每种动态事件的模拟结果的平均值。可以注意到,动态事件的引入增加了控制加工时间,能够获得较好的效果。当多个可能影响制造系统的动态事件发生时,加工时间的控制策略取得的效果更好。这是因为提出的控制时间方法的优点在每个被测试的条件下都是相关的。

表6-10 模拟结果的平均值

动态等级	低		中		高	
	方法1	方法2	方法1	方法2	方法1	方法2
average thr. time(%)	−68.87	−71.00	−76.00	−78.57	−96.66	−86.04
thr.(%)	1.00	1.55	1.45	1.54	8.88	−1.57
WIP(%)	−73.94	−76.12	−75.93	−78.49	−96.75	−85.95
av. utilization(%)	−8.70	−20.40	−5.37	−29.60	−13.44	−22.50
tardiness(%)	−92.59	−89.36	−92.99	−90.85	−99.10	−87.24

通过对上述模拟实验的结果分析,我们可得出以下结论。

(1) 方法 2 在生产组合和机器故障情况下比方法 1 取得了更好的效果。这种方法的主要优点是改变加工时间的机器数量有限。这样可以降低与控制过程策略相关的成本。此外,方法 2 对用于减少加工时间的资源有更稳定的控制效果。因此,在机器之间按比例分配资源是更好的策略。

(2) 方法 1 只有在到达时间发生波动的情况下能得到更好的结果。在这种情况下,方法 1 的主要性能指标优于方法 2 的 10%。这种方法的主要限制是设置次数较多。因此,方法 1 的特点是与控制过程相关的成本高于方法 2 的。通过仿真可以定义获取资源的时间值,从而获得更好的性能度量。在设计阶段,仿真环境支持资源时间获取的决策。此外,模拟允许在资源可用时间发生变化时评估性能度量。

(3) 当制造系统的动态程度很高时,减少加工时间的效益就会降低。在这种情况下,控制策略很难适应制造系统参数的连续变化。然而,所研究的控制策略导致了更好的性能度量。

6.5 本章小结

系统通过竞争来获取资源,通过获取的资源来减少加工时间。第一种方法是将资源全部分配给一个机器,第二种方法是在机器之间按比例分配资源。并设计了仿真实验,在不同的加工环境下对提出的方法进行模拟,在一个动态的环境中,内部(机器故障)和外部(生产组合和中途到达)的变化都纳入考虑范围。将仿真结果与无加工时间控制的制造系统进行了比较,仿真结果表明,所提出的控制加工时间策略能够显著提高制造系统的性能指标。基于比例分布的策略在生产组合和机器故障情况下效果更好,但在工件到达时间发生变化时,方法 1 的效果更好。基于机器之间分布的策略可以大幅减少设置的计算数量,因此,这种方法能够降低与减少加工时间相关的控制成本。此外,所提出的策略具有计算复杂度低的特点,并且可以得到多 Agent 体系结构的支持。

本章参考文献

[1] JANIAK A. Minimization of the blooming mill standstills-mathematical model, suboptimal algorithms[J]. Mechanika,1989,8(2):37-49.

[2] KAYAN R K, AKTÜRK M S. A new bounding mechanism for the CNC machine scheduling problem with controllable processing times[J]. European Journal of Operational Research,2005,167(3):624-643.

[3] KASPI M, SHABTAY D. Optimization of the machining economics problem for a multistage transfer machine under failure, opportunistic and integrated replacement strategies[J]. International Journal of Production Research, 2003, 41(10): 2229-2247.

[4] LIU P, TANG L X, ZHOU X Y. Two-agent group scheduling with deteriorating jobs on a single machine [J]. The International Journal of Advanced Manufacturing Technology, 2010, 47(5-8): 657-664.

[5] WOOLDRIDGE M, JENNINGS N R. Intelligent agents: Theory and practice [J]. Knowledge Engineering Review, 1995, 10(2): 115-152.

[6] LANE D M, MCFADZEAN A G. Distributed problem solving and real-time mechanisms in robot architectures[J]. Engineering Applications of Artificial Intelligence, 1994, 7(2): 105-117.

[7] RENNA P. Multi-agent based scheduling in manufacturing cells in a dynamic environment[J]. International Journal of Production Research, 2011, 49(5): 1285-1301.

第 7 章 加工时间可控的多目标柔性作业车间调度问题研究

7.1 引　　言

由于柔性作业车间调度问题(flexible job-shop scheduling problem, FJSP)本身的复杂性和广泛的应用背景, 该问题受到了工业界和学术界的普遍关注。FJSP 是经典作业车间调度问题的一个扩展版本, FJSP 的特点是每道工序在可选机器集中的某一台机器上进行加工而非在指定的一台机器上加工。因此, 在 FJSP 中, 除了需要考虑工序排序外, 还需要考虑工序的机器分配。因为实际生产调度问题本质上也是一个多目标优化问题, 近年来, 多目标柔性作业车间调度问题(multi-objective flexible job-shop scheduling problem, MOFJSP)已经得到深入研究。2016 年, Chaudhry 和 Khan 就 FJSP 的研究给出了最新文献综述。在大多数 MOFJSP 研究中, 工序在选定的机器上的加工时间通常被认为是固定的常量, 然而在许多实际生产中, 工序的加工时间可通过额外资源再分配来控制。例如, 在数控机床制造业中, 工序的加工时间可通过调整切割速度和进给量来控制。在化工工业中, 一种化合物的生成时间可通过催化剂来缩短, 也可通过抑制剂来延长。因此, 对于某些生产企业, 考虑加工时间可控的调度问题更具有实际生产价值。

本章研究了加工时间可控条件下的多目标柔性作业车间调度问题(MOFJSP-CPT), 研究该问题的基本动机如下: 它填补了 MOFJSP-CPT 未被研究的空白, 目前大多数加工时间可控调度问题的研究主要集中在单机调度问题[1-7]、并行机调度问题[8,9]、流水车间调度问题[10,11]、混合流水车间调度问题[12,13]以及作业车间调度问题[14-17]上。同时, JSP 已经被证明是一个强 NP 难问题, 显然本章研究的 MOFJSP-CPT 也是一个强 NP 难问题。此外, 带可控加工时间的调度问题可能更贴近某些企业的实际生产环境。因此, 研究 MOFJSP-CPT 具有较强的理论研究价值和实际指导意义。

MOFJSP-CPT 的优化目标是同时最小化最大完工时间和额外资源总消耗。最大完工时间可通过压缩工序的正常加工时间得到改善。但是, 压缩工序加工时间将会导致额外资源总消耗的增加。也就是说, 所考虑的两个目标是相互冲突的。值得注意的是, 由于额外资源消耗与加工时间压缩量成正比, 因此额外资源总消耗可以用所有工序操作的总压缩时间量的形式来表示。近年来,学者提出了许多优化算法并用来求解多目标调度问题,这些方法可粗略地划分为两大类:先验和后验方法。先验方法通常通过加权和方法将多个目标函数组合成一个单目标函数进行优化。因为 MOFJSP-CPT 还没有被研究,目前的工作大多涉及的是 MOFJSP 而非 MOFJSP-CPT。有关 MOFJSP 的研究主要集中在先验方法。例如 Xia 和 Wu[18]采用了一种混合模拟退火和粒子群算法来求解 MOFJSP。Zhang 等[19]提出了一种有效的粒子群优化与禁忌搜索混合的算法来求解 MOFJSP。Li 等[20]开发了一种有效的带邻域搜索的禁忌搜索算法来优化 MOFJSP。但是,这类先验方法在优化问题之前需要知道先验知识信息,如权重信息。更重要的是,先验方法也许会掩盖各目标之间的"冲突"关系。除此之外,这类先验方法需要运行多次才能获得满意的非支配解集。相比先验方法,后验方法可在一次运算中获得满意的非支配解,因而显得更具实用性。其中,基于 Pareto 的后验方法得到了学者的普遍关注。例如,Ho 和 Tay[21]采用了基于 Pareto 的多目标混合进化算法来求解 MOFJSP。Wang 等[22]设计了一种基于熵概念的多目标遗传算法来求解 MOFJSP。Shao 等[23]等提出了一种基于 Pareto 支配关系的多目标进化算法来求解 MOFJSP。Yuan 和 Xu[24]采用了一种基于 NSGA-Ⅱ的多目标局部进化算法来优化 MOFJSP。综上所述,基于 Pareto 的后验方法不仅可以在一次运算中获得满意的非支配解,同时还可以揭示目标之间的折中或冲突关系[25]。因此,本章采用基于 Pareto 的后验方法来求解 MOFJSP-CPT。

我们知道,元启发式算法在求解调度问题上是十分有效的。病毒优化算法(virus optimization algorithm, VOA)是一种十分新颖的元启发式算法,该算法是受到病毒攻击宿主细胞行为的启发而设计出来的。实验证明,VOA 优于很多经典的元启发式算法,如改进的差分进化算法、改进的粒子群算法等。VOA 具有原理简单、参数少、收敛性能好等特点,是一种简单且行之有效的优化算法。然而,VOA 还没有被应用到车间调度领域中。此外,没有免费午餐定理(no free lunch theorem)揭示了没有哪种算法能高效地求解任何问题,这说明了考虑问题属性在指导算法搜索方面的重要性。这些因素驱使作者开发了一种有效的混合 GA-VOA 多目标优化算法 MODVOA,该算法考虑了问题的独特属性。

本章贡献主要反映在问题建模、算法设计及实验分析这三个方面,概括如下。

(1) 在问题建模方面,创新点如下:考虑了一个实际生产中经常被忽略的假设,即加工时间可通过分配额外的资源得到控制。当工序的加工时间被压缩时,最大完工时间有可能减少,然而额外资源消耗会增加。因此,所研究的 MOFJSP-CPT 是一个典型的多目标优化问题,其中最大完工时间和额外资源总消耗目标是相互冲突的。本章构建了关于该问题的一个新的数学模型,据作者所知,目前还无相似问题被研究。

(2) 在算法设计方面,创新点如下:第一,提出了一种基于 VOA 的多目标离散优化算法来求解 MOFJSP-CPT,该算法通过设计有效的编码和解码机制、种群初始化及复制算子来保持算法的全局探索和局部寻优的平衡。第二,提出了一种基于问题属性特征的搜索机制来降低资源消耗且保持最大完工时间不变。据作者所知,这是第一次将该种算法及相关策略用在 MOFJSP-CPT 上的研究。

(3) 在实验分析方面,其特点如下:首先,MODVOA 中的改进策略,如初始化策略和探索搜索机制的有效性经过实验得到了充分的验证。因此,不同于大多数现有的研究,本章不仅考虑了每种改进策略的贡献,同时也分析了每种改进策略如何影响算法的求解性能。然后,在三种性能测试指标下,将 MODVOA 与其他经典多目标进化算法的结果进行了对比。尽管相关性能测试指标已被应用到了一些研究工作中,但很少用到本章所研究的调度问题上。

7.2 问题描述与模型建立

本章的 MOFJSP-CPT 可描述如下:存在 n 个独立的工件 $J=\{J_1,J_2,\cdots,J_n\}$ 和 m 台机器 $M=\{M_1,M_2,\cdots,M_m\}$,每个工件 J_i 包含着 n_i 道工序 $\{O_{i,1},O_{i,2},\cdots,O_{i,n_i}\}$。工件 J_i 的某道工序 O_{ij} 在可选机器集合 M_{ij} 中的机器 $k(k\in M_{ij},M_{ij}\subset M)$ 上进行加工。正常加工时间可以通过分配较多的额外资源在对应的工序上而被压缩,这将导致附加资源消耗(如人力、能源消耗)的增加。该问题的目标是最小化如下两个指标:最大完工时间和额外资源总消耗。

本研究问题的相关假设如下:
(1) 每道工序无中断加工;
(2) 所有机器从零时刻起可用,工件在零时刻释放;
(3) 机器或工序之间的传输时间或准备时间可以被忽略;
(4) 机器和工件之间是可以相互独立的。
本章所使用的基本符号如下。

1. 参数

n:工件总数。
m:机器总数。
O_{ij}:工件 i 的第 j 道工序。
n_i:工件 i 的总工序数。
C_{ij}:工序 O_{ij} 的完工时间。
C_i:工件 i 的完工时间。
p_{ijk}^{L}:工序 O_{ij} 在机器 k 上的最小加工时间。
p_{ijk}^{U}:工序 O_{ij} 在机器 k 上的最大加工时间。
u_{ijk}:工序 O_{ij} 在机器 k 上的单位惩罚系数。
M_{ij}:加工工序 O_{ij} 的可用机器集合。

i,h：工件的索引，$i,h=1,2,\cdots,n$。
j,g：工件的工序索引，$j,g=1,2,\cdots,n_i$。
k：机器的索引，$k=1,2,\cdots,m$。

2. 决策变量

p_{ijk}^{a}：工序O_{ij}在机器k上的实际加工时间。

$$X_{ijk} = \begin{cases} 1, & 如果O_{ij}在机器k上加工 \\ 0, & 否则 \end{cases}。$$

$$Y_{hgij} = \begin{cases} -1, & 如果O_{hg}为O_{ij}相邻的前一道工序 \\ 1, & 如果O_{hg}为O_{ij}相邻的后一道工序 \\ 0, & 否则 \end{cases}。$$

采用上述符号，建立 MOFJSP-CPT 的数学模型：

$$\min f_1 = C_{\max} = \max\{C_i \mid i=1,2,\cdots,n\} \tag{7-1}$$

$$\min f_2 = \sum_{i=1}^{n} \sum_{j=1}^{n_i} \sum_{k \in M_{ij}} u_{ijk}(p_{ijk}^{\mathrm{U}} - p_{ijk}^{\mathrm{a}}) \tag{7-2}$$

约束条件：

$$C_{ij} - C_{i(j-1)} \geqslant p_{ijk}^{\mathrm{a}} X_{ijk}, \quad \forall i,j,k; j=2,\cdots,n_i \tag{7-3}$$

$$(C_{hg} - C_{ij} - p_{hgk}^{\mathrm{a}}) X_{hgk} X_{ijk} \left(\frac{Y_{hgij}}{2}\right)(Y_{hgij}+1)$$

$$+ (C_{ij} - C_{hg} - p_{ijk}^{\mathrm{a}}) X_{hgk} X_{ijk} \left(\frac{Y_{hgij}}{2}\right)(Y_{hgij}-1) \geqslant 0, \quad \forall (i,j),(h,g),k \tag{7-4}$$

$$p_{ijk}^{\mathrm{L}} \leqslant p_{ijk}^{\mathrm{a}} \leqslant p_{ijk}^{\mathrm{U}}, \quad \forall (i,j),k \tag{7-5}$$

$$\sum_{k \in M_{ij}} X_{ijk} = 1, \quad \forall (i,j) \tag{7-6}$$

公式(7-1)和公式(7-2)共同定义了该问题的优化目标，即同时最小化最大完工时间和额外资源总消耗。公式(7-3)确保了工序先后的约束关系。公式(7-4)保障了每道工序最多只能在可选机器集合中的某一台机器上进行加工。公式(7-5)给出了工件实际加工时间的约束范围。公式(7-6)说明了对于每道工序而言，其对应的机器来自可选机器集合。

7.3 基于 MODVOA 求解 MOFJSP-CPT

本节详细地阐述了用于求解 MOFJSP-CPT 的 MODVOA。VOA 的具体步骤可见 4.3.1 小节，在此不再赘述。基于梯度的传统数学方法难以在可接受的计算时间内求得最优解，而元启发式算法却可以在有效的时间内获得近似最优解。正如前文所述，VOA 是一种简单且高效的元启发式算法。因此，本章提出了一种基于 VOA

的多目标离散元启发式算法 MODVOA 来求解 MOFJSP-CPT。

用于求解 MOFJSP-CPT 的 MODVOA 算法的主要步骤如下。

Step 1：初始化。根据编码机制和种群初始化策略，产生初始病毒。依据最大完工时间和额外资源消耗来评价这些病毒，并采用快速非支配排序方法对病毒种群进行排序。

Step 2：复制。

Step 2.1：病毒分类。这个分类操作与单目标分类步骤不同。病毒分类具体操作如下：如果病毒种群有多个非支配层水平（如秩），病毒可以被划分为两大类：非支配解集（强病毒）和支配解集（普通病毒）。否则病毒全是非支配解集，在这种情况下，病毒随机地被分为强病毒和普通病毒。

Step 2.2：病毒复制。VOA 可以从强病毒和普通病毒中产生新的病毒。因为每个病毒包含了三层信息的解，所以设计了一种混合更新算子来更新每个解中不同信息部分。

Step 3：更新和维修。

Step 3.1：更新探索搜索机制。这个机制与 VOA 中的机制有所不同。单目标问题中的平均适应度的概念不能直接应用于多目标优化问题中，因为一个目标的改善将会导致另外一个目标的恶化。但是，加工时间的可控性为寻找高质量解提供了额外的灵活性，从而提高了生产系统的整体性能。因此，本研究利用了问题的属性来加强探索寻优机制。因为开采寻优机制通常发生在搜索的后期，所以当函数评价次数达到一定值时，就实施该搜索机制。

Step 3.2：种群维修机制。该机制基于精英保留策略淘汰病毒。被淘汰的病毒数不是动态变化的，而是一个固定的常数。种群大小为 N 的父本种群 P_t 和相同大小的子代种群 Q_t 合并为一个大小为 $2N$ 的种群 R_t，然后评价该合并的种群，并根据非支配排序和拥挤距离选出较好的前 N 个最佳个体作为下一代的父本。显然，给定的淘汰病毒数为 N。

Step 4：停止。如果算法满足停止条件，停止搜索并返回非支配解，否则继续搜索。

7.3.1 编码与解码机制

在优化该问题前，编码是一个重要的环节。不用于其他类型的调度问题，本章研究的调度问题考虑了工序排序、机器分配和工序的实际加工时间。因此，根据问题的特点，本章提出了一种基于三层信息的编码机制，该编码机制由三个独立的数据结构构成：第一个数据结构 o 表示工序排序，第二个数据结构 u 表示工序对应的机器编号（索引），第三个数据结构 v 表示工序的实际加工时间。第一个数据结构 o 由工件索引构成，其中工件 i 出现了 n_i 次。第二个数据结构 u 是一个与机器编号相关的整数矩阵。第三个数据结构 v 是在每台机器上所有工序的实际加工时间。每个矩阵的长度都等于所有工序的总数和。

为了进一步解释这种编码机制,表 7-1 展示了一个规模为 3 个工件、3 台机器的实例,其中数值表示工序操作的加工时间范围。图 7-1 描述了 3 个独立的数据结构,其中每个数据结构矩阵的长度都为 9。第一个数据结构 o 包含了一个矩阵,其为[2,1,1,3,1,2,3,3,2]。它表示了一个工序序列,即 O_{21}—O_{11}—O_{12}—O_{31}—O_{13}—O_{22}—O_{32}—O_{33}—O_{23}。工序 O_{21} 具有最高的优先级,它首先被加工,然后是工序 O_{11} 被加工,以此类推。第二个数据结构 u 存储的是加工工序的机器编号。例如,机器 1 和机器 2

表 7-1 所有工序操作的加工时间范围

工件	O_{ij}	M_1	M_2	M_3
J_1	O_{11}	[2,4]	[2,6]	[2,4]
	O_{12}	[3,8]	[1,4]	[2,5]
	O_{13}	[2,3]	[2,3]	[2,3]
J_2	O_{21}	[2,5]	[2,4]	[2,6]
	O_{22}	[3,6]	[1,5]	[2,4]
	O_{23}	[2,3]	[2,4]	[2,3]
J_3	O_{31}	[2,5]	[2,6]	[2,5]
	O_{32}	[3,4]	[3,4]	[1,4]
	O_{33}	[2,5]	[2,5]	[2,4]

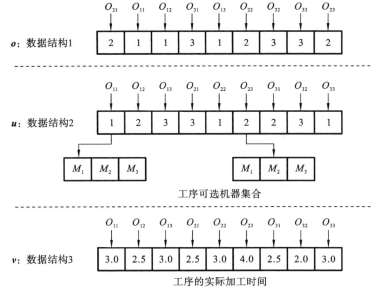

图 7-1 解表达式

分别用来加工工序 O_{11} 和 O_{23}。第三个数据结构 v 记录着来自数据结构 u 中每道工序的实际加工时间。

一个解的解码机制就是将每道工序分配在合适的机器上且以适当的加工时间进行加工。当一个解被解码时,数据结构 o 首先被转化为一个工序序列,然后根据数据结构 u 将每道工序分配到可选机器上,最后从数据结构 v 中获得对应的加工时间。调度通常被分为三类:非延迟调度、主动调度和半主动调度[26]。就规则目标而言,主动调度包含了一个最优调度方案。在本研究中,每一个解(病毒)被解码为一个主动调度。也就是说,只有当工件的先前工序都完工了,当前工序才能开始加工。机器 k 上的工序 O_{ij} 在闲置时间区间 $[S_x, E_x]$ 上是可用的(其中 x 表示机器加工工序 O_{ij} 上的第 x 个闲置时间区间),需满足以下条件:

$$\begin{cases} \max\{S_x, C_{i,j-1}\} + p_{ijk}^a \leqslant E_x, & j \geqslant 2 \\ S_x + p_{ijk}^a \leqslant E_x, & j = 1 \end{cases} \quad (7\text{-}7)$$

如果工序 O_{ij} 可被插入可用闲置时间区间 $[S_x, E_x]$,其开始时间是 $\max\{S_x, C_{i,j-1}\}$ 和 S_x 两者之一。如果在机器 k 上不存在任何可用闲置时间区间,则 O_{ij} 被分配到机器 k 的末端。例如,图 7-2 展示了一个解(即图 7-1)通过主动解码获得的甘特图。从图中可看出,相比半主动调度,主动调度可以获得一个较好的最大完工时间目标值。因此,本章采用了主动调度方式来对该调度问题进行解码。

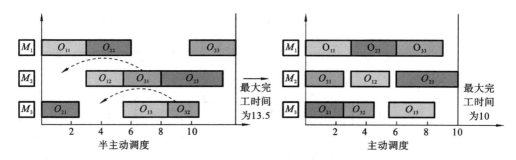

图 7-2　半主动调度和主动调度的甘特图

7.3.2　种群初始化

根据上面提出的编码机制,产生初始化种群(病毒),每个个体由三部分组成。为了提高种群的质量和多样性,在三分之一的种群中,每个个体的第一部分和第二部分随机产生,第三部分设置为最小值。在另外三分之一的种群中,每个个体的第一部分和第二部分随机产生,第三部分设置为最大值。在剩余种群中,每个个体的三部分均随机产生。

7.3.3　病毒复制

正如前所述,若病毒种群存在多个非支配水平层,将种群划分为两组:① 非支配解集(强病毒);② 支配解集(普通病毒)。否则,随机从种群中选择出强病毒和普通病毒。针对不同类型病毒,采用不同的搜索机制来平衡算法的全局探索和局部寻优。对于强病毒,采用局部搜索算子来提高成员的质量;对于普通病毒,采用全局搜索机制(如遗传算子)来提高种群的多样性。因为本章研究的问题是一个组合优化问题,所以标准的复制算子不能直接应用在离散编码部分。强病毒和普通病毒的搜索算子如下。

1. 强病毒

(1) 针对数据结构 o,采用了插入搜索操作。插入搜索操作的基本步骤如下。

Step 1:从数据结构 o 中随机挑选两个不同的元素。

Step 2:将位置靠后的元素插入另外选中的元素之前。

图7-3展示了一个实例。

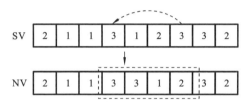

图7-3 强病毒中数据结构 o 部分的插入搜索操作

(2) 针对数据结构 u,采用了一种微调操作方案。通过改变数据结构 u 中的机器编号来调整工序所使用的机器。值得注意的是,当机器编号发生变化时,其对应加工时间也会随之发生变化。

(3) 针对数据结构 v,由于该部分是基于实数机制编码的,因此可采用标准的复制算子来对该部分进行更新操作。同时,也需要考虑边界限制约束以保证解的可行性。

2. 普通病毒

(1) 针对数据结构 o,采用了一种修改的双点交叉算子,其具体步骤如下。

Step 1:采用二元锦标赛选择方法从普通病毒中选出两个病毒作为候选解,分别记为 CV1(当前解)和 CV2。

Step 2:随机选择工序操作数组中的两个不同点。将 CV1 中这两点之间的元素复制到新的病毒中,该新病毒记为 NV1。同时,保持其复制元素的位置和顺序不变。

Step 3:按照从左到右的顺序扫描 CV2 中的每一个元素,并将 CV2 中的元素填补到 NV1 中直到工件 i 出现了 n_i 次,以确保新病毒的合法性。

图7-4(a)给出了一个实例。

(2) 针对数据结构 u,采用了一种修改的均匀交叉算子,其具体步骤如下。

Step 1:在区间[0,1]上随机生成一个实数,记作 rnd。并设置参数 $i=1$,作为该数据结构的初始位置。

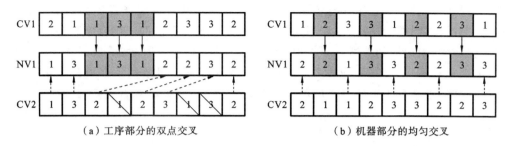

(a) 工序部分的双点交叉　　　　　(b) 机器部分的均匀交叉

图 7-4　普通病毒中数据结构 o 和 u 部分的交叉操作

Step 2：如果 rnd<0.5，则 NV1$_i$=CV1$_i$；否则 NV1$_i$=CV2$_i$。注意将对应加工时间（v 部分）也复制到新个体中，更新参数 i，即 $i=i+1$。

Step 3：重复 Step 2 直到 NV1 被填满，即 $i=L$，其中 L 表示病毒个体的长度。

图 7-4(b) 给出了一个实例。

(3) 针对数据结构 v，采用复制操作进行更新。同时，也需要考虑边界限制约束以保证解的可行性。

7.3.4　更新探索搜索机制

正如前所述，原始的更新探索机制无法求解多目标优化问题。为了解决这个问题，本章提出了一种基于具体问题特性的局部搜索机制。通常加工时间越短，最大完工时间也就越短，但是机器很可能处于闲置阶段，这将导致额外资源的浪费。通过减少资源的消耗而延长某些工件的加工时间，最终可减少闲置时间，也就是加工时间的可控性可以缩短机器的闲置时间。因此，在不影响最大完工时间指标的情况下，适当地延长加工时间，可消除闲置时间以减少额外资源的浪费。即这个策略不需要改变工序的顺序（数据结构 o）就可在减少额外资源消耗的同时保持最大完工时间不变。这个策略主要集中在搜索的后期，引入参数 B 控制探索搜索机制。本章也研究了该问题的属性特点，以便在搜索的后期获得非支配解。在介绍问题属性之前，提出以下合理的假设。

假设：当一个工序操作 $O_{ij}(i=1,2,\cdots,n;j\in n_i)$ 在机器 $k\in M_{ij}$ 上以较快速度加工时，其加工时间会缩短，但额外资源消耗会增加。换句话说，某道工序在不同性能或者不同速度机器上进行加工时，将会有不同的实际加工时间和额外资源消耗。详细地讲，每道工序要么在环境1（较慢速度）下加工，要么在环境2（较快速度）下进行加工，因此有

$$p_{ijk}(\boldsymbol{x}^1) > p_{ijk}(\boldsymbol{x}^2) \tag{7-8}$$

$$p_{ijk}^{\text{U}} - p_{ijk}(\boldsymbol{x}^1) < p_{ijk}^{\text{U}} - p_{ijk}(\boldsymbol{x}^2) \tag{7-9}$$

依据上面的假设，问题的具体属性如下。

属性：如果在相同的工序顺序和机器分配情况下，保持最大完工时间目标不变，若解 $\boldsymbol{x}^1=(\boldsymbol{o}_1,\boldsymbol{u}_1,\boldsymbol{v}_1)$ 的总加工时间比解 $\boldsymbol{x}^2=(\boldsymbol{o}_2,\boldsymbol{u}_2,\boldsymbol{v}_2)$ 的总加工时间大，则解 $\boldsymbol{x}^1$ 支

第 7 章 加工时间可控的多目标柔性作业车间调度问题研究

配解 x^2。也就是说,若满足 $C_{\max}(x^1)=C_{\max}(x^2)$ 且 $\text{TC}(x^1)<\text{TC}(x^2)$,则 $x^1 \prec x^2$。

证明:$t(x^r)$ 表示解 $x^r(r=1,2)$ 在所有机器上的总实际加工时间,其计算公式为

$$t(x^r) = \sum_{i=1}^{n}\sum_{j=1}^{n_i}\sum_{k \in M_{ij}} p_{ijk}^{a}(x^r), \quad r=1,2 \tag{7-10}$$

因为 x^1 有一个较大总加工时间,其两个解的最大完工时间是相同的,于是有

$$t(x^1) = \sum_{i=1}^{n}\sum_{j=1}^{n_i}\sum_{k \in M_{ij}} p_{ijk}^{a}(x^1) > t(x^2) = \sum_{i=1}^{n}\sum_{j=1}^{n_i}\sum_{k \in M_{ij}} p_{ijk}^{a}(x^2) \tag{7-11}$$

每道工序加工时间的上界已给出且是固定的,也就是

$$\sum_{i=1}^{n}\sum_{j=1}^{n_i}\sum_{k \in M_{ij}} p_{ijk}^{U}(x^1) = \sum_{i=1}^{n}\sum_{j=1}^{n_i}\sum_{k \in M_{ij}} p_{ijk}^{U}(x^2) \text{ 且 } u_{ijk}=1 \tag{7-12}$$

因此有

$$\text{TC}(x^1) = u_{ijk}\sum_{i=1}^{n}\sum_{j=1}^{n_i}\sum_{k \in M_{ij}} (p_{ijk}^{U}(x^1)-p_{ijk}^{a}(x^1)) < \text{TC}(x^2)$$

$$= \sum_{i=1}^{n}\sum_{j=1}^{n_i}\sum_{k \in M_{ij}} u_{ijk}(p_{ijk}^{U}(x^2)-p_{ijk}^{a}(x^2)) \tag{7-13}$$

即 $\text{TC}(x^1)<\text{TC}(x^2)$。因为 $C_{\max}(x^1)=C_{\max}(x^2)$,则可推导出 $x^1 \prec x^2$。

根据问题属性,当调度方案给出后,最大完工时间目标也被相应地确定下来。在该固定的最大完工时间目标下,调整某些工序的加工时间以减少额外资源消耗。采用启发式搜索策略,首先计算一个给定工序的闲置时间,然后在其范围内更新相应工序的加工时间,最后,在每台机器上的最后一道工序执行以上相同的操作。算法 7-1 展示了该操作,同时图 7-5 给出了一个详细的算法流程。

算法 7-1 改进的探索机制 (o,u,v)

(1) **for** $k=1$ to m do // m 为处于加工状态下的机器数

(2) **for** $j=1$ to O_k-1 do // O_k 为机器 k 上的总工序数

(3) 获取工件数和机器 k 上的第 j 个位置上对应的工序,如工件 h 及其对应的工序 g

(4)   **if** 当前工件的工序不是它的最后工序

(5)   获得当前工件允许扩展的时间 $e_{kj} \leftarrow \min\{\text{macStart}_{k,j+1}-\text{macEnd}_{k,j},\ p_{hgk}^{U}-p_{hgk}^{a},\ \text{jobStart}_{h,g+1}-\text{jobEnd}_{h,g}\}$ //$\text{macStart}_{k,j+1}$ 表示机器 k 上第 $j+1$ 个位置上工件的开始时间;$\text{macEnd}_{k,j}$ 表示机器 k 上第 $j+1$ 个位置上工件的完工时间;$\text{jobStart}_{h,g+1}$ 表示工序 $O_{h,g+1}$ 的开始时间;$\text{jobEnd}_{h,g}$ 表示工序 $O_{h,g}$ 的完工时间。$d_1=\text{macStart}_{k,j+1}-\text{macEnd}_{k,j}$;$d_2=p_{hgk}^{U}-p_{hgk}^{a}$;$d_3=\text{jobStart}_{h,g+1}-\text{jobEnd}_{h,g}$

(6)   更新 v 为 v',即 $p_{hgk}^{a}=p_{hgk}^{a}+e_{kj}$

(7)   **end if**

(8) **end for**

(9) **end** for

(10) **for** k=1 to m do

(11)　　$\mathrm{id}_k = \min(C_{\max} - C_k, p_k^U - p_k^a)$ // p_k^U 和 p_k^a 表示机器 k 的最后一道工序的加工时间上界和实际加工时间，C_k 表示机器上的完工时间。$d_1 = C_{\max} - C_k$；$d_2 = p_k^U - p_k^a$

(12)　　更新 v' 为 v''。即 $p_k^a = p_k^a + \mathrm{id}_k$

(13) **end** for

(14) **return**(o, u, v'')

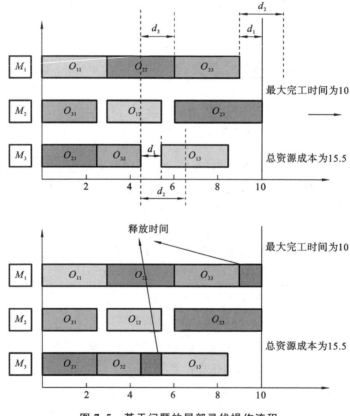

图 7-5　基于问题的局部寻优操作流程

7.4　数值实验

本节致力于评价算法的性能，实验主要从以下四个方面分别展开：
(1) 评价算法中种群初始化策略的有效性；

(2) 评价算法中改进的局部寻优机制的有效性;
(3) 对参数 B 进行灵敏度分析;
(4) 比较该算法与其他多目标进化算法在该问题上的性能。

7.4.1 测试问题

本章研究的是一个新问题,也就没有标准的基准测试函数可用。表 7-2 所示为数据集分布。工件与机器集的组合为 $n \times m = \{8, 10, 15, 20, 25\} \times \{5, 6, 7, 8, 9, 10\}$,共 30 个测试问题,这些问题涵盖了不同规模水平的问题,加工时间的上下界分别服从均匀分布 $U(2,5)$ 和 $U(8,20)$。值得注意的是,在本实验中,工序的加工时间上界被看作工序正常加工时间。工序 O_{ij} 所使用的机器数服从离散均匀分布 $DU(2,m)$,其中 m 为机器的总数。工件 i 的工序总数 n_i 也服从离散均匀分布 $DU(2,m)$。惩罚系数 $u_{ijk}=1$。每个问题以"n_m"的形式表示,如"8_4"意味着 8 个工件、4 台机器规模大小的问题。

表 7-2 数据集分布

输入参数	分布
工件数(n)	8、10、15、20、25
机器数(m)	5、6、7、8、9、10
加工时间下界(p_{ijk}^{L})	$U(2,5)$
加工时间上界(p_{ijk}^{U})	$U(8,20)$
每道工序可用机器数(M_{ij})	$DU(2,m)$
工件 i 的总工序数(n_i)	$DU(2,m)$

7.4.2 参数设置

我们知道,不同的参数设置对算法的求解性能有着不同的影响。因此,为了测试不同的参数配置,提前做了大量的对比实验。在实验中,大多数参数是固定的值,然而一些参数如种群大小对问题的规模很敏感,因此,本实验中,对于小($n \times m = \{8\} \times \{5,6,7,8,9,10\}$)、中($n \times m = \{10,15\} \times \{5,6,7,8,9,10\}$)、大($n \times m = \{20,25\} \times \{5,6,7,8,9,10\}$)三种规模的问题,其种群大小分别设置为 100、200 和 300。在本实验中,所有考虑的算法均采用了相同的最大函数评价次数(maximal function evaluation number),对于小、中、大三种规模的问题,最大函数评价次数分别设为 250000、500000 和 1000000。控制参数 B 为 2,每种算法在每个问题上均执行了 30 次独立运算。

7.4.3 改进策略的性能评价分析

正如前所述,提出的算法包含两个主要改进策略:① 种群初始化策略;② 改进的局部寻优机制。下面分别探讨这两种策略的有效性,并对参数 B 进行灵敏度分析实验。

7.4.3.1 种群初始化策略性能评价分析

在该实验中,我们测试了 MODVOA 算法与其变种算法的性能,其中 $MODVOA_1$ 表示带有随机初始化的 MODVOA,而 MODVOA 本身含有改进的种群初始化策略。本实验对 MODVOA 和 $MODVOA_1$ 进行了对比分析,验证了种群初始化策略的有效性。表 7-3 记录了两种算法在 30 个问题上独立运行 30 次的统计结果。

表 7-3 $MODVOA_1$ 和 MODVOA 获得的各性能指标的平均值和标准差

问题	GD(平均值/标准差)		Spread(平均值/标准差)		IGD(平均值/标准差)	
	$MODVOA_1$	MODVOA	$MODVOA_1$	MODVOA	$MODVOA_1$	MODVOA
8_5	3.58e−03/1.8e−03	2.85e−03/1.2e−03=	5.74e−01/7.5e−02	5.77e−01/7.2e−02=	3.88e−03/9.7e−04	2.55e−03/6.6e−04+
8_6	4.88e−03/2.0e−03	5.16e−03/2.0e−03=	6.18e−01/7.2e−02	6.33e−01/7.9e−02=	7.09e−03/1.5e−03	3.98e−03/1.1e−03+
8_7	5.70e−03/2.3e−03	4.56e−03/1.3e−03+	7.04e−01/7.0e−02	7.20e−01/8.4e−02=	7.51e−03/1.1e−03	4.67e−03/8.3e−04+
8_8	6.34e−03/2.7e−03	5.49e−03/1.7e−03=	6.64e−01/6.7e−02	6.95e−01/1.2e−01=	7.06e−03/1.4e−03	4.87e−03/9.6e−04+
8_9	1.09e−02/1.5e−03	4.41e−03/1.9e−03+	6.37e−01/4.9e−02	6.43e−01/5.8e−02=	1.12e−02/1.1e−03	5.42e−03/9.7e−04+
8_10	6.27e−03/1.2e−03	2.99e−03/1.6e−03+	5.61e−01/4.8e−02	5.60e−01/5.7e−02=	6.71e−03/1.2e−03	3.22e−03/6.3e−04+
10_5	9.83e−03/2.0e−04	1.17e−03/3.8e−04+	5.13e−01/6.0e−02	7.42e−01/6.7e−02+	8.99e−03/2.2e−04	1.56e−03/2.7e−04+
10_6	9.74e−03/3.2e−04	2.08e−03/5.9e−04+	5.69e−01/6.3e−02	8.21e−01/6.0e−02+	9.21e−03/3.4e−04	2.74e−03/3.4e−04+
10_7	1.01e−02/7.6e−04	2.70e−03/7.8e−04+	7.35e−01/1.1e−01	9.04e−01/9.2e−02+	9.61e−03/6.9e−04	2.58e−03/4.8e−04+
10_8	8.90e−03/7.9e−04	2.46e−03/9.2e−04+	8.33e−01/1.1e−01	9.59e−01/8.9e−02+	8.63e−03/5.6e−04	3.12e−03/5.2e−04+
10_9	1.18e−02/9.4e−04	3.49e−03/1.2e−03+	8.28e−01/1.0e−01	9.73e−01/8.3e−02+	1.25e−02/7.2e−04	3.59e−03/9.0e−04+
10_10	8.08e−03/8.6e−04	3.06e−03/1.0e−03+	7.74e−01/8.3e−02	8.32e−01/5.3e−02+	7.88e−03/7.7e−04	2.86e−03/6.8e−04+
15_5	1.11e−02/1.9e−04	1.52e−03/4.8e−04+	4.63e−01/4.5e−02	7.63e−01/5.1e−02+	8.94e−03/1.6e−04	1.57e−03/2.9e−04+
15_6	1.01e−02/3.5e−04	2.02e−03/6.6e−04+	6.71e−01/6.2e−02	7.79e−01/7.5e−02+	1.02e−02/4.6e−04	1.98e−03/5.3e−04+
15_7	1.10e−02/4.3e−04	2.01e−03/6.5e−04+	7.42e−01/1.0e−01	9.74e−01/8.7e−02+	1.01e−02/3.3e−04	2.99e−03/5.6e−04+
15_8	8.87e−03/8.8e−04	2.60e−03/9.0e−04+	9.06e−01/7.9e−02	1.03e+00/8.2e−02+	8.24e−03/6.3e−04	2.26e−03/6.7e−04+
15_9	1.32e−02/1.4e−03	3.54e−03/1.3e−03+	9.50e−01/9.0e−02	1.05e+00/1.0e−01+	1.08e−02/8.4e−04	2.72e−03/9.6e−04+
15_10	7.51e−03/9.4e−04	2.87e−03/1.1e−03+	1.00e+00/6.1e−02	1.09e+00/9.9e−02+	9.06e−03/8.4e−04	2.83e−03/5.9e−04+
20_5	1.02e−02/1.3e−03	7.52e−04/1.9e−04+	5.46e−01/3.5e−02	7.83e−01/3.3e−02+	9.36e−03/1.1e−04	9.05e−04/1.1e−04+
20_6	1.27e−02/5.5e−04	1.20e−03/4.5e−04+	8.09e−01/5.7e−02	9.20e−01/7.5e−02+	9.47e−03/1.8e−04	1.10e−03/3.4e−04+
20_7	8.64e−03/4.9e−04	1.22e−03/4.6e−04+	8.99e−01/8.5e−02	1.09e+00/5.9e−02+	7.21e−03/2.3e−04	1.22e−03/2.1e−04+
20_8	6.29e−03/6.8e−04	1.34e−03/5.3e−04+	1.03e+00/8.0e−02	1.14e+00/1.0e−01+	7.64e−03/4.9e−04	2.06e−03/5.2e−04+
20_9	6.14e−03/5.9e−04	1.46e−03/5.1e−04+	1.08e+00/6.9e−02	1.22e+00/9.4e−02+	5.81e−03/4.0e−04	1.76e−03/3.4e−04+
20_10	5.59e−03/1.1e−03	1.93e−03/1.3e−03+	1.21e+00/1.1e−01	1.30e+00/1.1e−01+	8.18e−03/6.3e−04	1.88e−03/5.3e−04+
25_5	7.48e−03/1.4e−03	1.03e−03/5.1e−04+	5.03e−01/3.9e−02	7.86e−01/7.3e−02+	6.01e−03/1.1e−04	9.17e−04/1.4e−04+
25_6	7.93e−03/1.0e−03	2.07e−03/7.4e−04+	1.04e+00/7.4e−02	1.21e+00/8.1e−02+	9.64e−03/4.7e−04	2.52e−03/4.6e−04+
25_7	7.28e−03/4.2e−04	9.85e−04/3.6e−04+	8.59e−01/6.5e−02	1.06e+00/6.0e−02+	6.40e−03/1.8e−04	2.52e−03/5.8e−04+
25_8	7.06e−03/7.6e−04	1.82e−03/7.9e−04+	9.86e−01/8.1e−02	1.10e+00/1.3e−01+	7.04e−03/3.0e−04	1.53e−03/5.1e−04+
25_9	6.64e−03/7.1e−04	2.32e−03/1.5e−03+	1.10e+00/8.2e−02	1.17e+00/9.2e−02+	6.96e−03/3.9e−04	1.77e−03/3.4e−04+
25_10	5.78e−03/9.5e−04	2.54e−03/1.5e−03+	1.15e+00/1.4e−01	1.24e+00/1.6e−01=	5.80e−03/5.2e−04	1.71e−03/4.5e−04+

从表 7-3 中可看出,对于性能指标 GD 和 IGD 而言,MODVOA 在大多数问题上显著优于 $MODVOA_1$。这表明改进的种群初始化策略可明显地提高解的质量,其原因在于这种策略有助于候选解在早期收敛到潜在的 Pareto 最优解集。对于分布性指标,在大多数问题上,$MODVOA_1$ 显著优于 MODVOA,这表明随机初始化的种群很可能分布在不同的搜索空间中,随机初始化有助于提高种群的多样性。总的来说,

就综合性能 IGD 而言，MODVOA 在多数问题上优于 MODVOA$_1$，尽管 MODVOA 的分布性能（多样性）较差，但它在收敛性能以及扩展性能方面优于其他算法。因此，可以说改进的种群初始化策略有益于算法性能的提升，并能获得良好的结果。

7.4.3.2 基于问题属性的改进的局部寻优机制性能评价分析

为了验证改进的局部寻优机制的重要性，本实验对比了 MODVOA 与无该机制的 MODVOA（记为 MODVOA$_2$）算法的性能。它们均采用了与 7.4.2 小节中一样的参数设置。对于 MODVOA，参数 B 设置为 2。表 7-4 展示了两种算法在 30 个问题上独立运行 30 次的统计结果。

表 7-4　MODVOA$_2$ 和 MODVOA 获得的各性能指标的平均值和标准差

问题	GD（平均值/标准差）		Spread（平均值/标准差）		IGD（平均值/标准差）	
	MODVOA$_2$	MODVOA	MODVOA$_2$	MODVOA	MODVOA$_2$	MODVOA
8_5	3.92e−03/1.2e−03	3.19e−03/1.3e−03+	5.65e−01/7.4e−02	5.48e−01/6.9e−02	2.86e−03/6.7e−04	2.65e−03/7.4e−04=
8_6	4.56e−03/1.6e−03	3.59e−03/1.6e−03+	6.23e−01/6.8e−02	5.90e−01/7.4e−02+	3.79e−03/1.1e−03	3.24e−03/8.9e−04+
8_7	6.04e−03/2.1e−03	4.56e−03/1.7e−03+	6.41e−01/8.6e−02	6.23e−01/6.2e−02=	5.02e−03/1.3e−03	4.03e−03/1.1e−03+
8_8	5.28e−03/1.8e−03	4.19e−03/1.7e−03+	6.35e−01/6.1e−02	6.34e−01/7.1e−02=	4.58e−03/1.3e−03	3.97e−03/1.2e−03+
8_9	5.37e−03/1.4e−03	4.22e−03/1.4e−03+	6.30e−01/6.6e−02	5.92e−01/8.5e−02+	5.23e−03/7.7e−04	4.17e−03/7.9e−04+
8_10	3.80e−03/1.2e−03	3.00e−03/1.0e−03+	5.56e−01/4.5e−02	5.12e−01/5.5e−02+	3.88e−03/8.6e−04	2.96e−03/8.0e−04+
10_5	1.54e−03/5.1e−04	1.44e−03/5.2e−04=	6.38e−01/5.8e−02	6.39e−01/7.6e−02=	1.35e−03/5.3e−04	1.36e−03/4.2e−04=
10_6	2.21e−03/6.2e−04	1.89e−03/6.6e−04+	7.74e−01/8.0e−02	7.50e−01/8.3e−02=	1.76e−03/5.1e−04	1.62e−03/4.5e−04+
10_7	2.33e−03/6.9e−04	1.97e−03/6.7e−04+	8.75e−01/6.6e−02	8.58e−01/7.5e−02=	2.52e−03/3.8e−04	2.46e−03/3.9e−04=
10_8	3.42e−03/9.2e−04	2.54e−03/7.9e−04+	8.98e−01/9.5e−02	9.06e−01/7.4e−02=	3.45e−03/7.4e−04	2.83e−03/6.8e−04+
10_9	3.28e−03/1.1e−03	2.97e−03/9.9e−04=	9.52e−01/8.1e−02	9.45e−01/1.2e−01=	3.15e−03/6.7e−04	2.88e−03/6.4e−04+
10_10	3.04e−03/8.1e−04	2.59e−03/7.6e−04+	7.91e−01/7.8e−02	8.26e−01/1.3e−01=	2.84e−03/6.6e−04	2.57e−03/5.1e−04+
15_5	1.26e−03/2.6e−04	1.11e−03/3.2e−04=	6.35e−01/5.6e−02	5.98e−01/6.1e−02+	1.24e−03/2.8e−04	1.25e−03/3.1e−04=
15_6	2.07e−03/5.8e−04	1.74e−03/5.3e−04+	7.51e−01/8.7e−02	7.00e−01/9.1e−02+	1.69e−03/3.9e−04	1.48e−03/3.6e−04+
15_7	3.13e−03/9.2e−04	2.46e−03/1.0e−03+	8.62e−01/7.0e−02	8.76e−01/9.6e−02=	2.38e−03/5.4e−04	1.88e−03/5.8e−04+
15_8	3.17e−03/6.9e−04	2.68e−03/8.7e−04+	9.34e−01/7.4e−02	9.62e−01/9.7e−02=	2.49e−03/4.7e−04	2.00e−03/6.0e−04+
15_9	3.34e−03/9.0e−04	2.26e−03/7.6e−04+	1.03e+00/8.6e−02	1.03e+00/7.0e−02=	3.18e−03/5.7e−04	2.41e−03/6.1e−04+
15_10	3.61e−03/9.0e−04	2.75e−03/1.3e−03+	1.04e+00/7.3e−02	1.05e+00/1.0e−01=	3.04e−03/6.6e−04	2.37e−03/6.0e−04+
20_5	8.44e−04/2.0e−04	6.68e−04/1.5e−04+	6.96e−01/6.0e−02	6.72e−01/5.9e−02=	7.39e−04/1.4e−04	6.57e−04/1.0e−04+
20_6	1.24e−03/3.0e−04	1.10e−03/3.5e−04=	8.63e−01/6.9e−02	8.64e−01/8.5e−02=	1.01e−03/2.5e−04	9.25e−04/2.3e−04+
20_7	1.56e−03/3.5e−04	1.18e−03/4.3e−04+	9.99e−01/1.0e−01	9.98e−01/1.2e−01=	1.26e−03/3.1e−04	1.06e−03/3.1e−04+
20_8	1.93e−03/3.6e−04	1.49e−03/6.7e−04+	1.08e+00/7.1e−02	1.07e+00/7.1e−02=	1.50e−03/2.6e−04	1.19e−03/3.6e−04+
20_9	2.45e−03/8.0e−04	1.73e−03/7.2e−04+	1.17e+00/1.0e−01	1.18e+00/1.3e−01=	1.62e−03/4.5e−04	1.15e−03/3.3e−04+
20_10	2.36e−03/5.9e−04	1.83e−03/6.3e−04+	1.24e+00/7.8e−02	1.26e+00/1.1e−01=	1.73e−03/4.0e−04	1.41e−03/3.4e−04+
25_5	8.71e−04/2.2e−04	7.80e−04/2.6e−04=	6.42e−01/6.9e−02	6.30e−01/6.9e−02=	6.73e−04/1.7e−04	6.15e−04/1.9e−04+
25_6	2.13e−03/6.2e−04	1.82e−03/6.5e−04=	1.18e+00/9.6e−02	1.20e+00/9.1e−02=	1.86e−03/4.7e−04	1.70e−03/4.1e−04+
25_7	1.59e−03/4.8e−04	1.25e−03/4.4e−04+	9.80e−01/5.3e−02	9.94e−01/7.3e−02=	1.24e−03/2.4e−04	8.38e−04/2.6e−04+
25_8	1.85e−03/5.8e−04	1.62e−03/5.7e−04=	1.05e+00/8.2e−02	9.87e−01/1.7e−01=	1.56e−03/4.0e−04	1.14e−03/3.6e−04+
25_9	2.63e−03/6.9e−04	2.57e−03/2.3e−03=	1.14e+00/6.9e−02	1.03e+00/1.6e−01+	2.68e−03/4.3e−04	1.92e−03/5.1e−04+
25_10	2.81e−03/6.6e−04	2.23e−03/6.9e−04+	1.18e+00/7.5e−02	1.02e+00/2.2e−01+	2.48e−03/4.0e−04	1.74e−03/4.2e−04+

从表 7-4 中可以看出，就 GD 性能指标而言，在大多数问题上 MODVOA 明显优于 MODVOA$_2$。同时，对于综合性能指标 IGD，MODVOA 在大多数问题上要强于 MODVOA$_2$，具体说来，MODVOA 在 20 个问题上具有显著的优越性。在分布性指标方面，MODVOA 在 19 个问题上优于 MODVOA$_2$，其中在 6 个问题上具有显著的优越性。这表明对于分布性能指标，MODVOA 和 MODVOA$_2$ 之间不存在显著差

异。但是总的来讲,对于 GD 和 IGD 指标,MODVOA 要强于 MODVOA$_2$。MODVAO 具有优越性能的原因在于其改进的局部寻优机制。这种机制很好地利用了加工时间可控的特点,加工时间的可控性也许为寻找一个潜在优良解提供了额外的灵活性,这有助于提高生产系统的整体性能。

基于以上实验结果的对比,可以得出 MODVOA 明显优于 MODVOA$_2$,这进一步证实了改进局部寻优策略的有效性。算法的优越性能可能归因于改进复制操作和局部寻优机制的混合策略,通过这些策略来保持搜索的多样性和开采性能的平衡。

7.4.3.3 控制参数 B 的灵敏度研究

在改进的局部寻优机制中,参数 B 控制着搜索过程中的局部寻优机制,本小节探讨了参数 B 对算法性能的影响。除了参数 B 外,其他参数设置与 7.4.2 小节中参数设置一样。具体地,B 是一个以 1 为步长、从 2 到 8 逐渐递增的数。在该实验中,仅采用综合性能指标 IGD 来评价不同算法的性能,这些统计结果通过箱形图直观地展示出来。由于空间有限,不可能展示所有问题的图形,因此,选取了三个不同水平问题的箱形图来说明参数 B 的作用。图 7-6 描绘了 30 次独立运算的统计结果的分布情况,其中圆圈表示 IGD 的平均值,图中的纵坐标表示 IGD 值,横坐标表示参数 B 的取值范围。从图中可看出,随着参数 B 的增加,三个问题的 IGD 值均保持相对稳

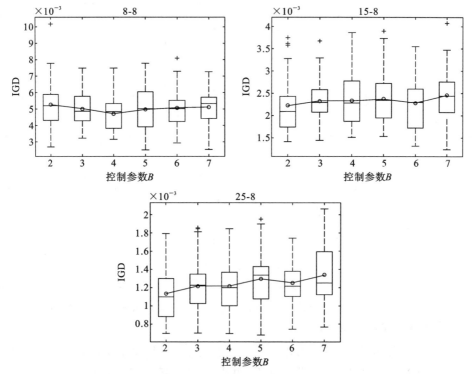

图 7-6 参数 B 的灵敏度研究

定的变化趋势,也就是说,所提出的算法在求解该问题时对参数 B 不是特别敏感。根据以上参数实验,可得出改进的局部寻优机制对算法有正面的影响,但相关参数对问题的性能不敏感。在本书中,B 值为 2。

7.4.4 与其他多目标进化算法进行对比

为了评价 MODVOA 的性能,将 MODVOA 的性能与其他多目标进化算法(如 NSGA-Ⅱ、SPEA2 及 MODGWO)的性能进行了比较。为了进行一个较公平的对比,本书修改了其他多目标进化算法以适应离散问题的求解,并在相同的实验环境下运用这些多目标进化算法来求解 MOFJSP-CPT。所有的多目标进化算法均采用了相同的种群大小和最大函数评价次数,如 7.4.2 小节所述。它们采用了本章提出的初始化策略,同时,只要这些多目标进化算法含有对应的算子,均采用本章提到的交叉和变异算子。表 7-5 给出了这些多目标进化算法的其他参数设置,每种算法在每一个问题上均独立运行 30 次。

表 7-5 MODVOA、NSGA-Ⅱ、SPEA2 及 MODGWO 的其他参数设置

算法	参数设置
MODVOA	复制:① 对于普通病毒,在数据结构 o 中使用双点交叉;在数据结构 u 中使用均匀交叉;在数据结构 v 中使用复制操作。② 对于强病毒,在数据结构 o 中使用插入操作;在数据结构 u 中使用微调操作;在数据结构 v 中使用复制操作 局部寻优机制:控制参数 $B=2$
NSGA-Ⅱ	二元锦标赛选择法 交叉:交叉概率=0.8;在数据结构 o 中使用双点交叉;在数据结构 u 中均匀交叉;在数据结构 v 中使用复制操作 变异:变异概率=0.2;在数据结构 o 中使用插入操作;在数据结构 u 和 v 中使用微调操作
SPEA2	外部文档:100(8 工件) 外部文档:200(10 和 15 工件) 外部文档:300(20 和 25 工件) 二元锦标赛选择 交叉:交叉概率=0.8;在数据结构 o 中使用双点交叉;在数据结构 u 中使用均匀交叉;在数据结构 v 中使用复制操作 变异:变异概率=0.2;在数据结构 o 中使用插入操作;在数据结构 u 和 v 中使用微调操作
MODGWO	社会分层:选择三个优良个体进行更新位置操作 在数据结构 o 中使用双点交叉;在数据结构 u 中使用均匀交叉;在数据结构 v 中使用复制操作

表 7-6、表 7-7 和表 7-8 分别展示了 GD、Spread 和 IGD 三种性能指标的统计结果。从这些表中的数据可看出，在大多数问题上 MODVOA 要优于其他的对比算法。除了规模为 8_5 的问题外，MODVOA 在综合性能指标 IGD 和收敛性能指标 GD

表 7-6　NSGA-Ⅱ、SPEA2、MODGWO 和 MODVOA 获得的 GD 指标的平均值和标准差

问题	NSGA-Ⅱ （平均值/标准差）	SPEA2 （平均值/标准差）	MODGWO （平均值/标准差）	MODVOA （平均值/标准差）	
8_5	6.41e−03/2.0e−03	4.08e−03/1.3e−03	1.01e−02/1.2e−03	4.53e−03/1.6e−03	=
8_6	8.55e−03/2.4e−03	6.31e−03/1.6e−03	1.53e−02/7.0e−03	5.18e−03/1.6e−03	+
8_7	8.60e−03/2.8e−03	7.05e−03/1.9e−03	1.74e−02/5.4e−03	5.81e−03/2.8e−03	+
8_8	9.93e−03/4.0e−03	8.57e−03/2.2e−03	1.84e−02/4.7e−03	6.21e−03/2.6e−03	+
8_9	1.38e−02/1.5e−03	1.32e−02/1.1e−03	2.02e−02/2.7e−03	4.49e−03/2.1e−03	+
8_10	1.00e−02/1.6e−03	9.07e−03/1.5e−03	1.64e−02/3.4e−03	3.77e−03/1.2e−03	+
10_5	1.71e−02/8.5e−04	1.51e−02/7.1e−04	2.53e−02/2.9e−03	2.05e−03/8.5e−04	+
10_6	1.52e−02/1.1e−03	1.35e−02/1.1e−03	2.82e−02/3.3e−03	2.40e−03/9.8e−04	+
10_7	1.14e−02/7.5e−04	1.09e−02/7.0e−04	2.23e−02/3.4e−03	2.39e−03/9.1e−04	+
10_8	1.08e−02/6.8e−04	1.02e−02/6.3e−04	1.96e−02/2.7e−03	2.28e−03/8.9e−04	+
10_9	1.27e−02/7.3e−04	1.16e−02/5.8e−04	2.18e−02/1.8e−03	2.55e−03/9.7e−04	+
10_10	9.17e−03/7.8e−04	8.11e−03/6.4e−04	1.92e−02/2.8e−03	2.56e−03/6.9e−04	+
15_5	1.70e−02/7.2e−04	1.54e−02/6.6e−04	2.79e−02/2.7e−03	1.40e−03/6.0e−04	+
15_6	9.04e−03/3.8e−04	8.65e−03/3.5e−04	1.68e−02/1.8e−03	1.58e−03/5.6e−04	+
15_7	1.32e−02/5.9e−04	1.26e−02/3.9e−04	2.06e−02/1.8e−03	1.77e−03/7.1e−04	+
15_8	9.97e−03/5.3e−04	9.63e−03/4.4e−04	1.91e−02/2.3e−03	2.68e−03/7.8e−04	+
15_9	1.05e−02/9.1e−04	9.77e−03/6.1e−04	2.06e−02/1.8e−03	1.97e−03/6.4e−04	+
15_10	8.13e−03/6.9e−04	7.64e−03/6.5e−04	1.96e−02/2.3e−03	1.93e−03/6.3e−04	+
20_5	9.43e−03/1.5e−04	1.18e−02/1.4e−04	1.16e−02/9.2e−04	5.80e−04/1.7e−04	+
20_6	8.86e−03/1.9e−04	1.10e−02/2.3e−04	1.38e−02/1.7e−03	8.00e−03/3.7e−04	+
20_7	9.53e−03/2.3e−04	1.18e−02/3.9e−04	2.19e−02/4.5e−03	9.38e−04/2.5e−04	+
20_8	7.37e−03/3.9e−04	9.23e−03/3.3e−04	2.12e−02/2.5e−03	1.35e−03/3.8e−04	+
20_9	7.48e−03/4.6e−04	9.17e−03/3.8e−04	2.53e−02/3.4e−03	1.80e−03/6.7e−04	+
20_10	6.31e−03/5.2e−04	8.39e−03/4.9e−04	2.02e−02/3.7e−03	1.92e−03/1.3e−03	+
25_5	7.55e−03/9.6e−05	9.32e−03/1.8e−04	9.87e−03/6.1e−04	5.86e−04/2.0e−04	+
25_6	8.68e−03/4.3e−04	1.06e−02/5.8e−04	2.60e−02/3.0e−03	1.66e−03/5.9e−04	+
25_7	8.30e−03/2.3e−04	1.02e−02/3.6e−04	2.00e−02/4.0e−03	1.12e−03/3.7e−04	+
25_8	6.73e−03/2.9e−04	8.50e−03/3.7e−04	1.99e−02/4.3e−03	1.41e−03/5.4e−04	+
25_9	6.58e−03/3.0e−04	8.51e−03/4.2e−04	2.12e−02/4.2e−03	1.15e−03/3.5e−04	+
25_10	6.20e−03/6.4e−04	8.03e−03/5.5e−04	2.12e−02/2.2e−03	2.40e−03/1.7e−03	+

表 7-7 NSGA-Ⅱ、SPEA2、MODGWO 和 MODVOA 获得的 Spread 指标的平均值和标准差

问题	NSGA-Ⅱ （平均值/标准差）	SPEA2 （平均值/标准差）	MODGWO （平均值/标准差）	MODVOA （平均值/标准差）	
8_5	6.26e−01/6.5e−02	6.11e−01/7.0e−02	7.19e−01/9.8e−02	5.46e−01/6.9e−02	=
8_6	6.60e−01/7.7e−02	6.90e−01/6.6e−02	8.31e−01/9.1e−02	5.66e−01/6.4e−02	+
8_7	7.23e−01/7.0e−02	7.51e−01/8.2e−02	8.97e−01/6.1e−02	6.50e−01/7.2e−02	=
8_8	7.40e−01/6.0e−02	7.63e−01/5.1e−02	8.59e−01/8.8e−02	6.22e−01/9.1e−02	+
8_9	6.18e−01/7.0e−02	6.34e−01/4.7e−02	7.00e−01/8.7e−02	5.83e−01/8.5e−02	+
8_10	5.44e−01/4.9e−02	5.54e−01/6.8e−02	6.93e−01/9.2e−02	5.03e−01/6.1e−02	=
10_5	5.94e−01/4.7e−02	6.41e−01/5.5e−02	9.13e−01/9.0e−02	6.19e−01/5.8e−02	=
10_6	7.10e−01/5.0e−02	7.53e−01/5.4e−02	1.05e+00/6.7e−02	7.33e−01/7.9e−02	=
10_7	8.25e−01/7.0e−02	8.81e−01/6.9e−02	1.10e+00/6.9e−02	8.02e−01/5.8e−02	+
10_8	8.57e−01/6.2e−02	9.22e−01/5.8e−02	1.00e+00/4.9e−02	8.97e−01/9.9e−02	=
10_9	8.74e−01/7.0e−02	9.43e−01/7.4e−02	1.01e+00/6.6e−02	9.14e−01/9.9e−02	−
10_10	8.59e−01/7.9e−02	9.60e−01/7.2e−02	1.01e+00/5.3e−02	8.07e−01/7.8e−02	=
15_5	5.89e−01/3.7e−02	6.40e−01/3.2e−02	8.23e−01/6.0e−02	5.86e−01/4.7e−02	=
15_6	6.10e−01/6.0e−02	6.82e−01/5.1e−02	8.92e−01/7.9e−02	7.19e−01/6.3e−02	+
15_7	7.58e−01/5.4e−02	8.23e−01/6.7e−02	9.54e−01/6.7e−02	8.24e−01/6.2e−02	=
15_8	8.01e−01/6.9e−02	8.98e−01/5.9e−02	8.87e−01/4.0e−02	9.10e−01/1.0e−01	−
15_9	8.57e−01/7.2e−02	9.26e−01/6.9e−02	9.59e−01/4.6e−02	1.01e+00/9.3e−02	−
15_10	8.92e−01/5.7e−02	9.87e−01/5.3e−02	9.72e−01/5.6e−02	1.04e+00/7.7e−02	−
20_5	4.86e−01/4.8e−02	4.67e−01/4.0e−02	7.34e−01/9.7e−02	7.15e−01/5.0e−02	−
20_6	6.49e−01/5.8e−02	5.53e−01/5.1e−02	8.16e−01/2.0e−01	8.61e−01/4.5e−02	−
20_7	7.71e−01/5.6e−02	6.10e−01/4.8e−02	9.34e−01/2.0e−01	9.76e−01/7.7e−02	−
20_8	8.66e−01/6.8e−02	6.64e−01/5.4e−02	7.41e−01/1.1e−01	1.11e+00/6.9e−02	−
20_9	9.87e−01/6.9e−02	7.96e−01/6.2e−02	8.00e−01/1.8e−01	1.18e+00/7.0e−02	−
20_10	1.08e+00/5.9e−02	8.72e−01/5.4e−02	7.15e−01/9.9e−02	1.26e+00/8.6e−02	−
25_5	4.48e−01/4.0e−02	4.35e−01/3.4e−02	7.26e−01/6.9e−02	6.84e−01/5.4e−02	−
25_6	9.94e−01/6.3e−02	8.25e−01/5.2e−02	7.23e−01/1.3e−01	1.22e+00/7.6e−02	−
25_7	7.30e−01/5.6e−02	5.82e−01/3.6e−02	8.91e−01/1.8e−01	9.66e−01/8.8e−02	−
25_8	8.16e−01/5.8e−02	6.18e−01/3.8e−02	7.82e−01/1.3e−01	1.03e+00/1.0e−01	−
25_9	9.22e−01/5.3e−02	7.09e−01/4.6e−02	8.09e−01/1.8e−01	1.12e+00/9.6e−02	−
25_10	9.82e−01/6.9e−02	7.68e−01/5.7e−02	7.02e−01/4.5e−02	1.20e+00/9.7e−02	−

表 7-8　NSGA-Ⅱ、SPEA2、MODGWO 和 MODVOA 获得的 IGD 指标的平均值和标准差

问题	NSGA-Ⅱ （平均值/标准差）	SPEA2 （平均值/标准差）	MODGWO （平均值/标准差）	MODVOA （平均值/标准差）	
8_5	2.68e−03/7.8e−04	2.17e−03/4.8e−04	4.99e−03/1.4e−03	2.24e−03/4.6e−04	=
8_6	5.42e−03/1.5e−03	4.21e−03/1.2e−03	8.64e−03/2.2e−03	3.62e−03/9.5e−04	+
8_7	5.82e−03/1.3e−03	5.11e−03/1.0e−03	9.31e−03/1.8e−03	4.66e−03/1.2e−03	+
8_8	6.37e−03/2.0e−03	5.91e−03/1.4e−03	1.03e−02/1.8e−03	4.91e−03/1.1e−03	+
8_9	1.10e−02/1.4e−03	1.09e−02/9.5e−04	1.54e−02/1.5e−03	4.58e−03/1.1e−03	+
8_10	8.16e−03/1.4e−03	7.58e−03/1.3e−03	1.27e−02/2.1e−03	4.15e−03/1.2e−03	+
10_5	1.04e−02/2.5e−04	1.04e−02/2.2e−04	1.20e−02/5.6e−04	1.21e−03/2.7e−04	+
10_6	1.03e−02/4.3e−04	1.03e−02/4.0e−04	1.42e−02/1.1e−03	1.72e−03/4.4e−04	+
10_7	8.93e−03/5.6e−04	8.85e−03/4.4e−04	1.24e−02/9.1e−04	1.93e−03/6.0e−04	+
10_8	9.77e−03/5.8e−04	9.66e−03/5.5e−04	1.45e−02/1.5e−03	2.76e−03/4.8e−04	+
10_9	1.16e−02/6.4e−04	1.14e−02/7.1e−04	1.72e−02/1.5e−03	2.87e−03/5.8e−04	+
10_10	8.55e−03/8.2e−04	8.00e−03/6.9e−04	1.42e−02/1.3e−03	3.05e−03/5.8e−04	+
15_5	9.83e−03/2.1e−04	9.73e−03/1.4e−04	1.22e−02/7.6e−04	1.19e−03/3.2e−04	+
15_6	8.31e−03/3.3e−04	8.06e−03/2.8e−04	1.15e−02/7.2e−04	1.99e−03/3.4e−04	+
15_7	1.11e−02/4.9e−04	1.09e−02/3.2e−04	1.47e−02/6.8e−04	1.73e−03/3.1e−04	+
15_8	8.67e−03/5.1e−04	8.91e−03/4.5e−04	1.36e−02/8.9e−04	2.58e−03/3.3e−04	+
15_9	8.82e−03/6.8e−04	8.70e−03/5.4e−04	1.37e−02/9.8e−04	2.15e−03/3.5e−04	+
15_10	6.83e−03/4.3e−04	7.07e−03/5.1e−04	1.05e−02/6.8e−04	3.94e−03/8.1e−04	+
20_5	7.83e−03/1.1e−04	7.85e−03/1.0e−04	8.91e−03/3.4e−04	1.19e−03/2.0e−04	+
20_6	7.25e−03/1.2e−04	7.36e−03/1.5e−04	9.02e−03/4.5e−04	1.49e−03/1.0e−04	+
20_7	7.57e−03/2.1e−04	7.77e−03/1.4e−04	1.07e−02/7.1e−04	1.43e−03/1.5e−04	+
20_8	6.03e−03/3.3e−04	6.40e−03/2.5e−04	9.95e−03/5.7e−04	1.83e−03/2.4e−04	+
20_9	5.61e−03/3.7e−04	5.94e−03/3.2e−04	9.48e−03/5.3e−04	1.63e−03/1.8e−04	+
20_10	4.99e−03/3.9e−04	5.60e−03/3.2e−04	9.58e−03/5.2e−04	1.90e−03/3.2e−04	+
25_5	5.83e−03/8.4e−05	5.86e−03/8.3e−05	7.08e−03/3.2e−04	8.18e−04/8.2e−05	+
25_6	7.22e−03/3.2e−04	7.87e−03/3.6e−04	1.23e−02/8.2e−04	1.81e−03/3.4e−04	+
25_7	6.79e−03/2.1e−04	6.91e−03/2.7e−04	9.75e−03/6.6e−04	1.80e−03/3.0e−04	+
25_8	6.07e−03/2.8e−04	6.29e−03/3.4e−04	9.74e−03/5.0e−04	2.61e−03/3.6e−04	+
25_9	4.35e−03/2.2e−04	4.75e−03/2.2e−04	7.59e−03/4.1e−04	1.32e−03/1.6e−04	+
25_10	4.62e−03/3.4e−04	5.06e−03/3.5e−04	9.18e−03/5.4e−04	2.33e−03/5.2e−04	+

上相对于其他算法具有压倒性优势；在分布性能指标上，相比 NSGA-Ⅱ、SPEA2 及 MODGWO，MODVOA 也极具竞争力。表 7-9 统计了 30 次独立运算各性能指标 Wilcoxon 符号秩检验结果，并记录了 Wilcoxon 符号秩检验的 p 值。从表 7-9 中可知，MODVOA 相比于其他多目标进化算法具有更好的性能。在 GD 和 IGD 指标上，MODVOA 以 $\alpha=0.05$ 的置信水平优于 NSGA-Ⅱ、SPEA2 和 MODGWO。

表 7-9 在 20 个问题上获得的各性能指标的 Wilcoxon 符号秩检验结果（显著性水平 $\alpha=0.05$）

指标	MODVOA VS NSGA-Ⅱ				MODVOA VS SPEA2				MODVOA VS MODGWO			
	R^+	R^-	p-value	win	R^+	R^-	p-value	win	R^+	R^-	p-value	win
GD	465	0	1.73e−06	+	464	1	1.92e−06	+	465	0	1.73e−06	+
Spread	77.5	387.5	1.40e−03	−	137	328	4.95e−02	−	249.5	215.5	7.27e−01	=
IGD	465	0	1.73e−06	+	465	0	1.73e−06	+	465	0	1.73e−06	+

为了更直观地展示这四种多目标进化算法的性能，图 7-7 给出了不同算法在 5 个典型规模问题上的 Pareto 前端。该图进一步证实了数值实验得出的结论。MODVOA 具有良好性能的原因如下：第一，复制操作可以提供一个较好的全局和局部搜索平衡。但是 SPEA2、NSGA-Ⅱ 和 MODGWO 却没有这种机制来更新种群。

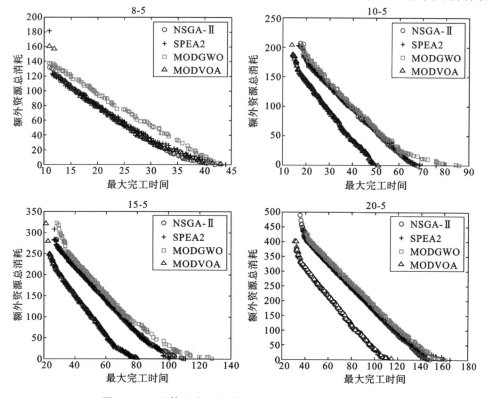

图 7-7 不同算法在 5 个典型规模问题上的 Pareto 前端

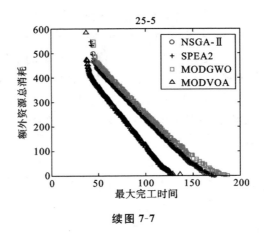

续图 7-7

此外，它们仅仅给出了交叉算子，而这种交叉算子虽然可以提高全局搜索的能力，但是很可能损坏优良个体的结构。第二，为了加强收敛性能，通过延长加工工序时间（采用局部搜索机制）可以提高解的质量，而 NSGA-Ⅱ、SPEA2 和 MODGWO 没有包含这种启发式信息来改善生产系统的整体性能。因此，从实验可知提出的 MODVOA 是一种有效求解 MOFJSP-CPT 的方法。

7.5 本章小结

本章主要研究了一个加工时间可控的多目标柔性作业车间调度问题（MOFJSP-CPT）。在大多数现有的 MOFJSP 中，加工时间被看作固定的值，而在一些实际生产系统中加工时间是可控的，本章内容是对加工时间可控的 MOFJSP 研究的一个重要补充。因此，本章对 MOFJSP-CPT 构建了一个新的数学模型，该模型的目标是同时最小化最大完工时间和额外资源总消耗。为了求解这个 MOFJSP-CPT，本章开发了一种混合多目标离散病毒优化算法 MODVOA。该算法包含了两种改进策略：① 种群初始化策略；② 局部寻优机制。本章在实验中验证了每种策略的有效性。为了评价所提出算法的性能，将其与其他多目标进化算法（如 NSGA-Ⅱ、SPEA2 和 MODGWO）进行了对比，实验结果表明提出的算法 MODVOA 在求解 MOFJSP-CPT 时优于其他算法。

本章参考文献

[1] KAYVANFAR V, MAHDAVI I, KOMAKI G M. Single machine scheduling with controllable processing times to minimize total tardiness and earliness[J].

Computers & Industrial Engineering,2013,65(1):166-175.

[2] TSENG C T,LIAO C J,HUANG K L. Minimizing total tardiness on a single machine with controllable processing times[J]. Computers & Operations Research,2009, 36(6):1852-1858.

[3] GIGLIO D. Optimal control strategies for single-machine family scheduling with sequence-dependent batch setup and controllable processing times[J]. Journal of Scheduling,2015,18(5):525-543.

[4] YIN Y,CHENG T C E,WU C-C,et al. Single-machine due window assignment and scheduling with a common flow allowance and controllable job processing time[J]. Journal of the Operational Research Society,2014,65(1):1-13.

[5] YIN Y, CHENG T C E, WU C-C, et al. Single-machine common due-date scheduling with batch delivery costs and resource-dependent processing times [J]. International Journal of Production Research,2013,51(17):5083-5099.

[6] YIN Y, CHENG T C E, CHENG S-R, et al. Single-machine batch delivery scheduling with an assignable common due date and controllable processing times[J]. Computers & Industrial Engineering,2013,65(4):652-662.

[7] YIN Y, WANG D-J, CHENG T C E, et al. Bi-criterion single-machine scheduling and due-window assignment with common flow allowances and resource-dependent processing times[J]. Journal of the Operational Research Society,2016,67(9):1169-1183.

[8] KAYVANFAR V, ZANDIEH M, TEYMOURIAN E. An intelligent water drop algorithm to identical parallel machine scheduling with controllable processing times: A just-in-time approach[J]. Computational and Applied Mathematics,2017,36(1):159-184.

[9] HSIEH P-H, YANG S-J, YANG D-L. Decision support for unrelated parallel machine scheduling with discrete controllable processing times[J]. Applied Soft Computing Journal,2015,30:475-483.

[10] SHABTAY D, BENSOUSSAN Y, KASPI M. A bicriteria approach to maximize the weighted number of just-in-time jobs and to minimize the total resource consumption cost in a two-machine flow-shop scheduling system [J]. International Journal of Production Economics,2012,136(1):67-74.

[11] LU C,XIAO S Q,LI X Y,et al. An effective multi-objective discrete grey wolf optimizer for a real-world scheduling problem in welding production[J]. Advances in Engineering Software,2016,99:161-176.

[12] JIANG S L,LIU M,HAO J H,et al. A bi-layer optimization approach for a hybrid flow shop scheduling problem involving controllable processing times

in the steelmaking industry[J]. Computers & Industrial Engineering, 2015, 87:518-531.

[13] GUPTA J N D, KRÜGER K, LAUFF V, et al. Heuristics for hybrid flow shops with controllable processing times and assignable due dates [J]. Computers & Operations Research, 2002, 29(10):1417-1439.

[14] NIU G G, SUN S D, LAFON P, et al. Two decompositions for the bicriteria job-shop scheduling problem with discretely controllable processing times [J]. International Journal of Production Research, 2012, 50(24):7415-7427.

[15] RENNA P. Controllable processing time policies for job shop manufacturing system[J]. International Journal of Advanced Manufacturing Technology, 2013, 67(9-12):2127-2136.

[16] NIU G G, SUN S D, PASCAL L, et al. A decomposition approach to job-shop scheduling problem with discretely controllable processing times [J]. SCIENCE CHINA Technological Sciences, 2011, 54(5):1240-1248.

[17] MOKHTARI H, ABADI I, ZEGORDI S H. Production capacity planning and scheduling in a no-wait environment with controllable processing times: An integrated modeling approach[J]. Expert Systems with Applications, 2011, 38(10):12630-12642.

[18] XIA W J, WU Z M. An effective hybrid optimization approach for multi-objective flexible job-shop scheduling problems[J]. Computers & Industrial Engineering, 2005, 48(2):409-425.

[19] ZHANG G H, SHAO X Y, LI P G, et al. An effective hybrid particle swarm optimization algorithm for multi-objective flexible job-shop scheduling problem[J]. Computers & Industrial Engineering, 2008, 56(4):1309-1318.

[20] LI J-Q, PAN Q-K, LIANG Y-C. An effective hybrid tabu search algorithm for multi-objective flexible job-shop scheduling problems [J]. Computers & Industrial Engineering, 2010, 59(4):647-662.

[21] HO N B, TAY J C. Solving multiple-objective flexible job shop problems by evolution and local search [J]. IEEE Transactions on Systems, Man, and Cybernetics, Part C(Applications and Reviews), 2008, 38(5):674-685.

[22] WANG X J, GAO L, ZHANG C Y, et al. A multi-objective genetic algorithm based on immune and entropy principle for flexible job-shop scheduling problem[J]. International Journal of Advanced Manufacturing Technology, 2010, 51(5):757-767.

[23] SHAO X Y, LIU W Q, LIU Q, et al. Hybrid discrete particle swarm optimization for multi-objective flexible job-shop scheduling problem [J].

International Journal of Advanced Manufacturing Technology,2013,67(9-12):2885-2901.

[24] YUAN Y,XU H. Multiobjective flexible job shop scheduling using memetic algorithms[J]. IEEE Transactions on Automation Science and Engineering,2015,12(1):336-353.

[25] GAO K Z,SUGANTHAN P N,PAN Q K,et al. Pareto-based grouping discrete harmony search algorithm for multi-objective flexible job shop scheduling[J]. Information Sciences,2014,289:76-90.

[26] 张超勇,管在林,刘琼,等. 一种新调度类型及其在作业车间调度中的应用[J]. 机械工程学报,2008,44(10):24-31.

第8章 加工时间可控的多目标车间调度实例

8.1 引　　言

本章的重点放在多目标进化算法在工程实例中的应用。前述章节中,数值实验所采用的问题,大部分都是随机生成的实例,缺乏一定的实际生产背景。本章采用提出的多目标进化算法对焊接车间调度问题和发动机冷却风扇生产车间调度问题分别进行了求解,并为实践生产起到了一定的指导作用。

8.2 节对焊接车间调度问题进行了求解。根据焊接车间生产的特点,可将该调度问题定义成一个加工时间可控的置换流水车间调度问题,同时建立了以最小化最大完工时间与机器负载惩罚量为目标的多目标数学模型。采用基于 GA 与 GWO 的混合 MODGWO 对其进行优化求解,且获得了较优的解。

8.3 节对发动机冷却风扇生产车间调度问题展开了研究。根据发动机冷却风扇生产车间的特点,可将该调度问题看作一个加工时间可控的柔性作业车间调度问题,并建立了相关的数学模型,优化目标是同时最小化最大完工时间与额外资源总消耗。采用基于 GA 与 VOA 的混合 MODVOA 对该问题进行了求解。实验结果表明,在该问题上所提算法要优于其他多目标进化算法。

8.2 加工时间可控的流水车间调度问题实例

8.2.1 焊接车间调度问题实例

在现代制造领域中,焊接是材料成型和加工操作中最重要的技术之一,它已经被广泛地应用在各种工业领域中,如石油化工、机械工程、航天航空及微电子工程。焊接操作在整个制造过程中占有很大的比例。一般来说,一个合理的焊接调度方案可以显著地提高生产效率。本节研究了一个来自真实焊接车间的多目标焊接调度问题,在这个实际焊接车间中,焊接过程主要包含以下 5 个阶段。

(1) 小块拼接,采用钨极氩弧焊机对众多小零件进行焊接,然后将这些焊接好的零件运输到下一个阶段。

（2）大块拼接，采用 CO_2 保护半自动焊机对某些较大的零件进行焊接，形成一个完整的零件。

（3）内部缝焊，采用 CO_2 保护半自动焊机对零件缝隙进行焊接，然后将该零件翻转过来，对其进行相同的焊接操作。

（4）封装，采用吊车将箱形梁运输到预先固定的位置上。

（5）外缝焊，采用埋弧自动焊机对箱形梁的两侧进行焊接。

焊接调度工艺流程如图 8-1 所示。

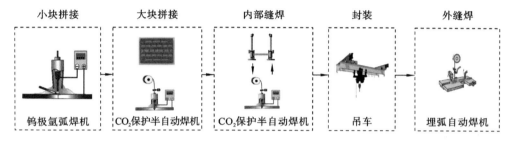

图 8-1 焊接调度工艺流程

本节考虑了一个来自真实焊接车间的焊接调度问题。该焊接车间需要加工 10 种工件，这些工件以相同的加工流程需要经过 5 个阶段。表 8-1 至表 8-6 展示了包括机器类型、工件数、工件正常加工时间、每阶段的可用机器数、每阶段的机器负载惩罚系数、传输时间和准备时间等在内的相关数据。

表 8-1 焊接车间可用机器参数

机器类型	可用机器数	阶段
钨极氩弧焊机	2	小块拼接
CO_2 保护半自动焊机	2	大块拼接
CO_2 保护半自动焊机	2	内部缝焊
吊车	1	封装
埋弧自动焊机	3	外缝焊

表 8-2 每个阶段工件的正常加工时间

工件类型	跨度/m	工件号	加工时间/min				
			小块拼接（阶段 1）	大块拼接（阶段 2）	内部缝焊（阶段 3）	封装（阶段 4）	外缝焊（阶段 5）
5tA5A6	22.5	1	20	25	30	20	24
5tA5A6	25.5	2	31	40	49	25	35

续表

工件类型	跨度/m	工件号	加工时间/min					
			小块拼接（阶段1）	大块拼接（阶段2）	内部缝焊（阶段3）	封装（阶段4）	外缝焊（阶段5）
5tA5A6	28.5	3	35	40	45	36	39
10tA5A6	22.5	4	10	12	14	11	14
10tA5A6	25.5	5	29	35	41	27	33
10tA5A6	28.5	6	20	25	30	20	24
20t16tA5	22.5	7	31	40	49	25	35
20t16tA5	25.5	8	35	40	45	36	39
20t16tA5	28.5	9	10	12	14	11	14
20t16tA6	25.5	10	29	35	41	27	33

表 8-3 在每个阶段第一工件被加工的准备时间

准备时间/min	工件1	工件2	工件3	工件4	工件5	工件6	工件7	工件8	工件9	工件10
小块拼接	10	4	8	9	14	11	12	6	4	2
大块拼接	5	8	10	18	7	5	6	15	10	5
内部缝焊	14	7	5	7	4	15	7	17	6	7
封装	13	10	12	16	9	3	10	2	14	8
外缝焊	6	18	7	12	15	9	12	7	4	11

表 8-4 相邻工件之间的准备时间

准备时间/min	工件1	工件2	工件3	工件4	工件5	工件6	工件7	工件8	工件9	工件10
工件1	—	10	20	15	10	5	4	12	11	8
工件2	12	—	10	20	6	9	10	18	2	13
工件3	5	9	—	16	8	10	5	8	15	20
工件4	10	5	9	—	14	17	6	10	12	15
工件5	7	5	3	15	—	10	8	5	10	15
工件6	15	10	8	5	8	—	8	12	10	12
工件7	7	5	3	6	9	10	—	11	10	5

续表

准备时间/min	工件1	工件2	工件3	工件4	工件5	工件6	工件7	工件8	工件9	工件10
工件8	11	15	10	6	8	5	12	—	12	7
工件9	15	10	13	8	9	5	6	12	—	10
工件10	12	8	10	6	9	5	10	15	12	—

表 8-5 相邻阶段及阶段与仓库之间工件的传输时间

工件	传输时间/min					
	仓库到阶段1	阶段1到阶段2	阶段2到阶段3	阶段3到阶段4	阶段4到阶段5	阶段5到仓库
工件1	4	10	15	20	10	14
工件2	5	21	20	19	15	14
工件3	4	15	10	25	16	14
工件4	3	10	12	14	5	14
工件5	6	9	5	12	17	14
工件6	4	14	15	20	10	14
工件7	5	21	15	24	15	14
工件8	7	20	20	15	26	14
工件9	10	5	8	24	10	14
工件10	8	9	15	21	17	14

表 8-6 每阶段的机器负载惩罚系数

阶段	阶段1	阶段2	阶段3	阶段4	阶段5
机器负载惩罚系数	0.2	0.3	0.3	0.05	0.15

8.2.2 结果及分析

图 8-2 展示了 MODGWO 获得的 Pareto 前端,并与来自实际生产中的原始解进行了对比。显然,本书提出的 MODGWO 能够提供高质量且多样性良好的非支配解。同时也可发现一个有趣的现象:最大完工时间的缩短是以牺牲机器负载的性能为前提的。例如,A 点的最大完工时间最小(即 413.5 min),而机器负载达到

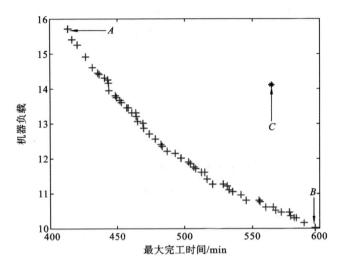

图 8-2 MODGWO 获得的 Pareto 前端

最大值(即 15.7)。另一方面,最小机器负载发生在 B 点(即 10),而此处的最大完工时间最大(即 597 min)。这进一步验证了优化问题的两个目标是相互冲突的这一观点。此外,C 点代表先进先出(first in first out,FIFO)策略获得的初始解(即最大完工时间为 564.5 min,机器总负载为 14.1)。从中可发现,MODGWO 产生的大多数解都能够支配 C 点的原始解。同时,相比在 C 点的解,在 A 点的最大完工时间指标降低了 36.6%,而 B 点的机器负载指标降低了 40%。这些解可表示如下。

A 点:　　　　　　$\pi=[4,6,10,8,3,5,9,2,7,1]$

$$N=\begin{bmatrix} 1,1,2,2,2,2,1,2,1,2 \\ 1,2,2,1,1,2,1,2,1,2 \\ 1,2,2,1,2,2,2,2,1,2 \\ 1,1,1,1,1,1,1,1,1,1 \\ 3,2,2,1,2,1,3,1,1,1 \end{bmatrix}$$

B 点:　　　　　　$\pi=[4,6,1,5,10,8,3,7,9,2]$

$$N=\begin{bmatrix} 1,1,1,1,1,1,1,1,1,1 \\ 1,1,1,1,1,1,1,1,1,1 \\ 1,1,1,1,1,1,1,1,1,1 \\ 1,1,1,1,1,1,1,1,1,1 \\ 1,1,1,1,1,1,1,1,1,1 \end{bmatrix}$$

C 点:　　　　　　$\pi=[4,1,3,6,2,7,5,8,10,9]$

$$N = \begin{bmatrix} 1,2,1,2,2,1,2,1,1,1 \\ 1,1,2,1,2,1,2,1,2,2 \\ 1,2,2,1,2,1,2,1,1,1 \\ 1,1,1,1,1,1,1,1,1,1 \\ 1,1,1,1,2,2,2,1,2,1 \end{bmatrix}$$

图 8-3 和图 8-4 分别描绘了 A 点和 B 点对应解的甘特图,其中深色矩形表示实际加工时间,矩形中的白色条形的数目表示对应工序上附加机器的数目。例如,图 8-3 中工序 $O_{5,1}$ 有 2 道白色条形,这表明工序 $O_{5,1}$ 同时被 3 台焊机加工。同理,由于

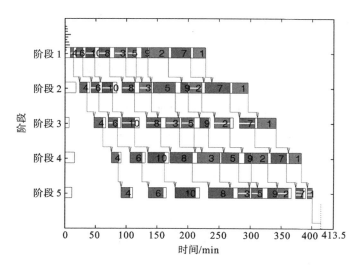

图 8-3 MODGWO 获得的 Pareto 前端中 A 点对应解的甘特图

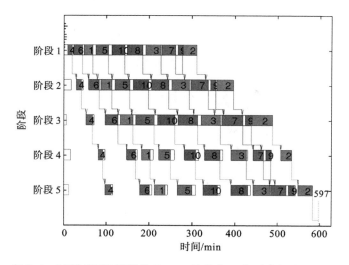

图 8-4 MODGWO 获得的 Pareto 前端中 B 点对应解的甘特图

图 8-3 中工序 $O_{4,1}$ 对应的矩形无白色条形,这说明工序 $O_{4,1}$ 仅被一台焊机进行加工。图 8-3 和图 8-4 也反映了一个基本事实:一般来说,工件被分配多台机器进行加工,其最大完工时间指标会更佳;而机器使用量较少时,机器负载也相对较少。这进一步验证了所考虑的这两个指标是相互冲突的。

8.3 加工时间可控的柔性作业车间调度问题实例

8.3.1 发动机冷却风扇生产车间调度问题实例

本节给出了一个发动机冷却风扇生产车间调度问题实例。如图 8-5 所示,这个发动机冷却风扇包含的主要零件有支持适配器板、风扇支架、风扇毂及转接法兰等。这些零件在 8 台机器上进行加工,所需要的机器包括 2 台铣床、2 台钻床、1 台加工中心、1 台车床及 2 台数控机床。它们被标记为铣床 1(M_1)、铣床 2(M_2)、钻床 1(M_3)、钻床 2(M_4)、加工中心 1(M_5)、车床 1(M_6)、数控加工机床 1(M_7)及数控加工机床 2(M_8)。由于加工参数配置的不同(如主轴功率和切割参数不同),每道工序在相同机器上的加工时间可能是不同的。所需机器和加工零件的加工时间范围如表 8-7 至表 8-10 所示。每个零件需要加工 5 个工件,车间总共加工 20 个工件,其中工件 1~5 表示支持适配器板,工件 6~10 表示风扇支架,工件 11~15 表示风扇毂,工件 16~20 表示转接法兰。值得注意的是,在该实例中,加工时间都是整数。

图 8-5 制造车间中发动机冷却风扇示意图
1—支持适配器板;2—风扇支架;3—风扇毂;4—转接法兰

表 8-7 加工支持适配器板的机器和加工参数

工件	工序	机器类型	加工时间范围	工序	机器类型	加工时间范围
支持适配器板	1-1	铣床(M_1、M_2)	[6,10]	1-8	钻床(M_3、M_4)	[2,4]
		加工中心(M_5)	[3,9]		加工中心(M_5)	[1,3]
	1-2	铣床(M_1、M_2)	[10,14]	1-9	钻床(M_3、M_4)	[2,8]
		加工中心(M_5)	[5,10]		加工中心(M_5)	[2,6]
	1-3	铣床(M_1、M_2)	[6,12]	1-10	钻床(M_3、M_4)	[3,5]
		加工中心(M_5)	[4,10]		加工中心(M_5)	[3,6]
	1-4	铣床(M_1、M_2)	[8,12]	1-11	钻床(M_3、M_4)	[5,7]
		加工中心(M_5)	[2,5]		加工中心(M_5)	[3,7]
	1-5	铣床(M_1、M_2)	[2,4]	1-12	铣床(M_1、M_2)	[4,6]
		加工中心(M_5)	[3,6]		加工中心(M_5)	[5,8]
	1-6	钻床(M_3、M_4)	[3,5]	1-13	铣床(M_1、M_2)	[1,3]
		加工中心(M_5)	[2,4]		加工中心(M_5)	[2,4]
	1-7	钻床(M_3、M_4)	[2,6]			
		加工中心(M_5)	[1,5]			

表 8-8 加工风扇支架的机器和加工参数

工件	工序	机器类型	加工时间范围	工序	机器类型	加工时间范围
风扇支架	2-1	铣床(M_1、M_2)	[2,4]	2-9	数控机床(M_7、M_8)	[1,3]
		加工中心(M_5)	[1,3]		加工中心(M_5)	[2,8]
	2-2	铣床(M_1、M_2)	[4,10]	2-10	数控机床(M_7、M_8)	[1,2]
		加工中心(M_5)	[2,4]		加工中心(M_5)	[3,5]
	2-3	铣床(M_1、M_2)	[3,7]	2-11	数控机床(M_7、M_8)	[1,2]
		加工中心(M_5)	[3,6]		加工中心(M_5)	[1,3]
	2-4	铣床(M_1、M_2)	[2,4]	2-12	钻床(M_3、M_4)	[2,4]
		加工中心(M_5)	[1,5]		加工中心(M_5)	[1,4]
	2-5	铣床(M_1、M_2)	[5,7]	2-13	钻床(M_3、M_4)	[2,4]
		加工中心(M_5)	[3,6]		加工中心(M_5)	[1,3]
	2-6	钻床(M_3、M_4)	[2,5]	2-14	铣床(M_1、M_2)	[3,7]
		加工中心(M_5)	[1,3]		加工中心(M_5)	[1,3]
	2-7	钻床(M_3、M_4)	[2,6]	2-15	铣床(M_1、M_2)	[2,4]
		加工中心(M_5)	[1,4]		加工中心(M_5)	[1,3]
	2-8	钻床(M_3、M_4)	[1,3]			
		加工中心(M_5)	[1,2]			

表 8-9 加工风扇毂的机器和加工参数

工件	工序	机器类型	加工时间范围	工序	机器类型	加工时间范围
风扇毂	3-1	车床(M_6)	[1,3]	3-9	数控机床(M_7、M_8)	[1,2]
	3-2	车床(M_6)	[1,2]	3-10	数控机床(M_7、M_8)	[1,4]
	3-3	车床(M_6)	[2,4]	3-11	数控机床(M_7、M_8)	[1,3]
	3-4	车床(M_6)	[1,2]	3-12	数控机床(M_7、M_8)	[1,2]
	3-5	数控机床(M_7、M_8)	[2,3]	3-13	数控机床(M_7、M_8)	[1,3]
	3-6	数控机床(M_7、M_8)	[1,2]	3-14	数控机床(M_7、M_8)	[2,3]
	3-7	数控机床(M_7、M_8)	[1,2]	3-15	钻床(M_3、M_4)	[1,2]
	3-8	数控机床(M_7、M_8)	[2,3]		加工中心(M_5)	[1,3]

表 8-10 加工转接法兰的机器和加工参数

工件	工序	机器类型	加工时间范围	工序	机器类型	加工时间范围
转接法兰	4-1	车床(M_6)	[1,2]	4-9	数控机床(M_7、M_8)	[1,2]
	4-2	车床(M_6)	[2,5]	4-10	数控机床(M_7、M_8)	[1,2]
	4-3	数控机床(M_7、M_8)	[2,4]	4-11	数控机床(M_7、M_8)	[1,3]
	4-4	数控机床(M_7、M_8)	[1,3]	4-12	数控机床(M_7、M_8)	[2,3]
	4-5	数控机床(M_7、M_8)	[1,2]	4-13	钻床(M_3、M_4)	[1,2]
	4-6	数控机床(M_7、M_8)	[1,2]		加工中心(M_5)	[1,2]
	4-7	数控机床(M_7、M_8)	[1,2]	4-14	钻机(M_3、M_4)	[1,2]
	4-8	数控机床(M_7、M_8)	[1,2]		加工中心(M_5)	[1,2]

8.3.2 结果及分析

为了验证 MODVOA 在求解加工时间可控的柔性作业车间调度问题上的优越性,我们将 NSGA-Ⅱ、SPEA2 及 MODVOA 三种算法进行对比。各算法的参数设置与前述章节保持一致,每种算法在该问题上分别进行了 30 次独立运算,并获得了相关性能指标(收敛性能指标 GD、分布性能指标 Spread 以及综合性能指标 IGD)的结果。表 8-11 展示了不同算法在该问题上独立运算 30 次获得的各性能指标的统计结果(平均值和标准差)。从表中可知:对于收敛性能指标 GD 和综合性能指标 IGD,MODVOA 显著优于其他算法;同时,在分布性能指标上,MODVOA 相比于其他算法也是具有一定竞争力的。这表明 MODVOA 非常适合求解这类调度问题。因此,本书采用了 MODVOA 算法来优化发动机冷却风扇生产车间调度问题实例。

表 8-11 NSGA-Ⅱ、SPEA2 和 MODVOA 获得的各性能指标的平均值及标准差

算法	GD（平均值/标准差）	Spread（平均值/标准差）	IGD（平均值/标准差）
NSGA-Ⅱ	2.72e−03/8.8e−04	1.23e+00/2.2e−01	2.28e−03/3.9e−04
SPEA2	3.02e−03/5.8e−04	1.34e+00/3.9e−02	2.36e−03/4.4e−04
MODVOA	2.25e−03/4.9e−04$^+$	1.21e+00/2.3e−01$^=$	2.02e−03/4.2e−04$^+$

图 8-6 展示了不同算法获得的 Pareto 前端。对于收敛性能和分布性能来说，MODVOA 明显优于其他算法。MODVOA 具有良好性能的原因在于其复制策略和改进的探索机制。首先，采用复制策略有助于提高算法搜索的多样性。因为强病毒和普通病毒有不同的搜索方向，强病毒主要负责改善非支配解的质量，而普通病毒主要负责探索未知解区域，所以，普通病毒产生的下一代种群具有良好的多样性。但 NSGA-Ⅱ和 SPEA2 没有包含这种复制策略，这两种算法均采用了同一种搜索算子来更新种群，这不利于提高种群的多样性。其次，为了确保良好的收敛性，MODVOA 采用了一种改进的探索寻优机制，该机制可扩展加工时间来填充闲置时间，从而进一步提高解的质量。利用这个问题属性，算法可以指导解的搜索方向朝着最优 Pareto 解集的区域前进，而 NSGA-Ⅱ和 SPEA2 却没有采用启发式信息来改善生产系统的整体性能。从图 8-6 可知，目标最大完工时间和额外资源总消耗是相互冲突的。例如，A 点的最大完工时间是最小的（即 92），而在此处的另外一目标额外资源总消耗是最大的（即 510）。相反，B 点的额外资源总消耗最小（即 0），而在此处

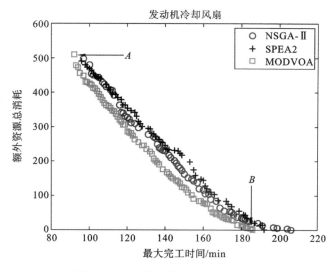

图 8-6 不同算法获得的 Pareto 前端

的最大完工时间是最大的(即 186)。根据不同的实际需求,决策者可以选择一个合适的解方案。例如,如果一个用户更看重最大完工时间指标,则对应的偏好解在 A 点区域附近,反之同理。图 8-7 展示了仅考虑最大完工时间指标最小情况下的甘特图。

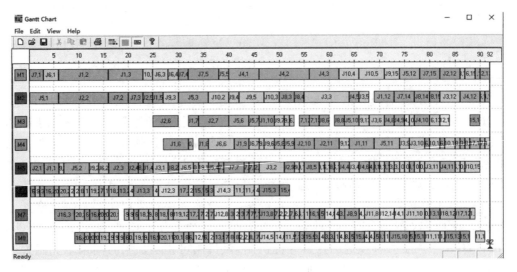

图 8-7　A 点对应的生产调度甘特图

8.4　本章小结

本章对焊接车间与发动机冷却风扇生产车间调度问题分别展开了深入的研究。焊接车间的生产特点在于多台机器可同时加工一个工件,也就是说其加工时间与分配的机器数相关。根据焊接车间生产的特点,可将该调度问题抽象为一个加工时间可控的置换流水车间调度问题,并建立了相关的数学模型,优化目标是同时最小化最大完工时间与机器负载惩罚量。采用基于 GA 与 GWO 的混合多目标进化算法对该问题进行优化求解。实验结果表明,所提出的算法能获得更好的 Pareto 近优前沿,还能获得更优的极值解和折中解。发动机冷却风扇生产车间调度问题的加工时间是可控的。根据发动机冷却风扇生产车间的特点,可将该调度问题看作一个加工时间可控的柔性作业车间调度问题,并建立了相关的数学模型,优化目标是同时最小化最大完工时间与额外资源消耗。采用基于 GA 与 VOA 的混合多目标进化算法对该问题进行求解,实验结果验证了所提算法要优于其他多目标进化算法。